"十三五"国家重点图书项目

国家出版基金项目
NATIONAL PUBLICATION FOUNDATION

一带一路

高毅◎著

何芳川◎主编

中外文化交流史

中国法国文化交流史

国际文化出版公司

·北京·

图书在版编目（CIP）数据

中外文化交流史 . 中国法国文化交流史 / 何芳川主
编；高毅著 . -- 北京：国际文化出版公司 , 2020.12

ISBN 978-7-5125-1267-2

Ⅰ . ①中… Ⅱ . ①何… ②高… Ⅲ . ①中外关系—文
化交流—文化史—法国 Ⅳ . ① K203 ② K565.03

中国版本图书馆 CIP 数据核字 (2020) 第 270254 号

中外文化交流史·中国法国文化交流史

主　　编	何芳川
作　　者	高　毅
统筹监制	吴昌荣
责任编辑	侯娟雅
出版发行	国际文化出版公司
经　　销	全国新华书店
印　　刷	文畅阁印刷有限公司
开　　本	710 毫米 × 1000 毫米　　　16 开
	8 印张　　　　　　　　　　87 千字
版　　次	2020 年 12 月第 1 版
	2020 年 12 月第 1 次印刷
书　　号	ISBN 978-7-5125-1267-2
定　　价	48.00 元

国际文化出版公司
北京朝阳区东土城路乙 9 号　　　　邮编：100013
总编室：（010）64271551　　　传真：（010）64271578
销售热线：（010）64271187
传真：（010）64271187—800
E-mail：icpc@95777.sina.net

目录
Contents

第一章

17—18 世纪中法文化

相互渗透的不同规模与影响

　　中国人是安土重迁的。直到 19 世纪中期之前，中国人绝少主动云游至地处远西的欧洲，尽管他们可以不时地在中国的周边地区走走。法国人在西欧也算是很眷恋故土的民族了，可早在 13 世纪中期的时候就有一些法国人造访过中国。后来因蒙古人的扩张，一连四个多世纪中法国人基本上都没再现身中土，但随后就一发而不可收了：自 17 世纪后期开始的一个世纪里，来华的法国人一拨一拨的不绝如缕而且越来越多，直到 18 世纪末才因一些政治上的变故而中断了几十年（其间只有零星的一些法国传教士在中国内地坚持传教活动）。

　　可见法国人还是比中国人更喜欢长途旅行一些，结果就让他们占了历史的先机，做了中法文化交往进程的光荣的创始者。若要究其原因，倒也不难，这主要是因为法国人信奉天主教。天主教是一种有着强烈使命感的宗教，必欲将基督福音传遍全世界。因此，法国人比敬鬼神而远之的中国人就多了一种传教的热忱。

　　那些开中法交往之先河的法国人，也正是一些教士或传教士。①

————————

① 参见张芝联：《从高卢到戴高乐》，三联书店，1988 年版第 25 ～ 28 页。

金尼阁

13世纪中期来华的法国两位方济会修士隆如莫和卢布鲁克，以及1610年抵达澳门活动的耶稣会士金尼阁，无疑都曾为法国人了解中国做过一些重要的知识准备。但中法文化之间实质性的交往，应该说还只是从17世纪末期才开始的。

这个时期法国文化只在中国留下极有限的影响

17世纪末期来华的第一批法国人，是白晋（Joachim Bouvet）、张诚（Franois Gerbillion）、洪若翰（Joannes de Fontaney）、刘应（Claude de Visdelou）、李明（Louis Lecomte）5名才艺卓绝的耶稣会士。他们带着"王家数学家"的封号（其中洪若翰、白晋、刘应和张诚还被任命为法国王家科学院的通讯院士），由法王路易十四亲自派遣，于1688年抵达北京，得到了康熙的接见。他们带来了浑天仪等共计大小30箱科学仪器作为见面礼，博得了好学的康熙帝的欢心。随后，康熙选择张诚和白晋留

1648年的路易十四

在自己身边担任科学顾问，其他几位则获许在中国随意传教。

康熙帝

这种合作是平等的、互惠的。这几位法国耶稣会士担负着多方面的使命，除了用他们掌握的科学和艺术知识来推动传教之外，还要为法国科学院收集科学资料，同时还要向中国宣传法国在欧洲的优势地位，以为法国争取贸易上的优惠。[①] 他们的工作干得很出色，如张诚在 1689 年中俄《尼布楚条约》谈判中起了重要作用，白晋、洪若翰、刘应等人用奎宁治愈了康熙的疟疾从而赢得了宠幸，等等。由于这些功绩，他们获准于 1703 年在北京西苑附近修建了一座教堂（蚕池口教堂，又称"北堂"），康熙也在 1692 年颁布了对基督教的宽容敕令，并希望法国能派更多的学者尤其是数学家和天文学家来华。1693 年白晋为传达康熙的请求专程回到法国，五年后遂有十多名法国传教士搭乘第一艘来华法国商船"昂菲特里特"（L'Amphitrite）号抵达广东。18 世纪初又来了三十多位法国耶稣会士。[②]

[①]　Cf. Muriel Détrie, *France-Chine*, *Quand deux mondes se rencontrent*. Paris，Gallimard. 2004，p12。

[②]　Ibid. pp.12 ～ 13.

1902 年的蚕池口老北堂

但随后便发生了"礼仪之争"，导致康熙对基督教在华传教活动的禁止（1723）。乾隆朝（1736—1796）对基督教传教活动仍基本持压制态度，不过由于耶稣会士富有多种实用的专业知识，还能继续受到清廷的欢迎和重用。到 1773 年耶稣会被解散时，先后来华的法国耶稣会士有百人之多，占全部欧洲来华耶稣会士的 1/5。[①]

当时虽然还没有出现"中学为体、西学为用"这样的口号，但清朝政府对西学的态度基本上已经在自觉不自觉地遵循这个模式。因此，像其他西方国家的传教士一样，法国传教士在华传教活动的成效也十分有限，只在医学、天文、地理和数学等知识传

---

① 张芝联：《从高卢到戴高乐》，三联书店，1988 年版第 28 页。

播方面取得了一些建树。[1]

除了用西药为清廷服务之外，法国传教士的一个重要贡献是传授给了清廷一些最新的天文地理知识。1761 年，蒋友仁（Michel Benoist）根据巴黎科学院的最新研究成果画了一幅世界地图（《坤舆全图》）进献乾隆，其中的说明文字不仅首次提到了哥白尼日心说，而且还公然予以赞同，而他的这些言论也引起了中国知识界的注意，并得到了较为广泛的传播。[2]考虑到在当时中国流行的还是 17 世纪传入的托勒密体系，而哥白尼学说也仍在为罗马教廷所封禁这些情况，蒋友仁以其本着求真的科学热忱对中国科学的奠基性贡献，实属难能可贵，理当获得我们的敬意。

哥白尼

---

[1] 关于法国传教士的这些贡献，张芝联先生已在他的文章里做过较详尽的阐述，本文不赘。

[2] 张芝联：《从高卢到戴高乐》，三联书店，1988 年版第 28 页。

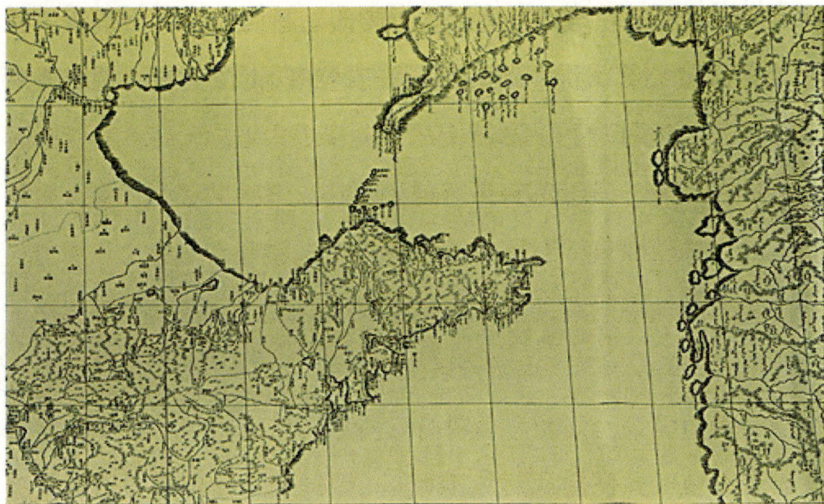

《坤舆全图》局部

这个时期中法文化交往的一个突出的特点，是具体从事这种交往的法国文化使者们明确地意识到了中法两国在文化上的平等地位，并坚持在这种平等的基础上建立两国之间的交往关系。然而他们同时也看到，由于中国人对自己的文化有一种历史形成的特殊的优越感，法国人要使他们接受这一平等意识似乎并不容易；反过来，要当时雄踞欧陆霸主之位的路易十四政府真心承认中国的伟大恐怕也非易事。而要克服这种文化自负心态，只有一个办法，那就是尽可能地将双方文化成就的相似性和各自的相对优势展示出来。法国早期来华的传教士们所做的，主要也就是这方面的工作。

首先，为了使中法两国君主互相相信对方的强大，他们给康熙带来了路易十四的戎装骑马像，同时也画了一幅完全类似的

大清皇帝的戎装骑马像，名为"中国的路易大帝"，拿到法国国
王面前展示。按李明写给路易十四的信中的记述，康熙看了路易
十四像之后的反应好像还很不错：

> 我荣幸地向他谈起的那位君主（指康熙——译注）
> 看到您的画像时，显然感到了一种极不寻常的帝王气，
> 并看到了从您的容貌中显露出的权威、明智和勇猛等品
> 质。他当即断言，现在欧洲也有了自己的主人了，就像
> 亚洲已有了自己的主人一样。①

李明所述是否属实，恐怕只有天知道了。但不管怎样，这些
传教士欲通过宣传中法两国君主的形象来建立两者之间平等关系
的意图，已由此得到了清楚的宣示。

经由法国传教士牵线搭桥，中法两国君主还通过互送礼品来
展示各自文明的优秀成果。法国国王送来的礼品（如钟表、气压
计和各种自动机械——主要是一些发条驱动的玩偶）给中国皇帝
带来了不少乐趣，也逐渐引起了清廷文化风尚的一些微妙变化。
比如对路易十四送来的一些表现凡尔赛宫景物的铜版画，清廷就
非常感兴趣。后来按乾隆的意旨在圆明园修建的那些欧式宫殿和
花园，实际上就是对凡尔赛宫建筑风格的一种模仿，只是在蒋友
仁、王致诚（Jean-Denis Attiret）和意大利传教士郎世宁（Joseph
Giuseppe Castiglione）的刻意设计下，最后建成的被称作"西洋楼"

---

① 转引自 Muriel Détrie, *France-Chine*, *Quand deux mondes se rencontrent*,
Paris. Gallimard, 2004, p.16。

郎世宁笔下的乾隆帝朝服像

的欧式宫殿群（1759）却成了"中西合璧"式建筑风格的一个绝妙范例。这些宫殿使用方石、大理石和彩砖等材料，其柱、栏、梯的样式和各种装饰性雕塑，都源自法国和意大利的宫殿建筑艺术，但其木质结构、红墙、琉璃瓦顶盖以及陶瓷和包金青铜装饰，又都是中国建筑的典型元素。另如圆明园中的 10 个"法式花园"，其排列方式遵循着严格的几何规则，然而每个花园又各有自己独立成章的别样景致，因而暗合着中国的美学原则。再如圆明园里的那座"迷宫苑"，其南部是迷宫本身，中间布满了几何线条，而其北部的小山上则杂乱无章地栽满了树。[①] 应当说，这种中西合璧式的建筑风格，无疑是一种极有意义的艺术创新，同时也从一个侧面体现了法国设计者对中国美学价值的承认和尊重，体现了他们在处理中西文化关系时的平等精神。

---

① 转引自 Muriel Détrie, *France-Chine, Quand deux mondes se rencontrent*, Paris. Gallimard, 2004，p.17。

圆明园海晏堂　铜版画（藏于挪威实用艺术博物馆）

凡尔赛宫图（现藏于凡尔赛美术馆）

路易十四那件礼品的外在形式或制作技术——铜版画，似乎也曾深得乾隆喜爱：虽然中国也有自己精湛的木刻技法，可在形象刻画的细致和精确方面，又终归比铜版画差得远了。所以后来乾隆要请法国人帮他把 16 幅"平定西域"的系列战图（原画也是命郎世宁、王致诚等传教士画家所绘）制成铜版画，以分送达官显贵并装饰政府办公场所。而法国人也很珍视这个能为法国争光的机会，他们请驻广州的法国东印度公司把这些画的复制品运到了巴黎，然后专门组织了一班能工巧匠精心刻制，终于不负厚望，成功地为乾隆印制了 200 套。只是顺带着，他们还偷偷地多印了几套，献给了法国国王。①

受到中国宫廷欣赏的法国文明成果当然还有一些，如康熙敬佩法国人的科学学识，曾命法国传教士巴多明（Dominique Parrenin）和宋君荣（Antoine Gaubil）主持畅春园"蒙学采馆"——这里常被西人称作中国的"皇家科学院"，实际上那只是康熙让他的儿子们跟西方人学科学知识的地方。许多法国传教士也因其学识渊博而活跃于康乾时代的清廷内外并做出过一些骄人的业绩。然而，除了这些之外，法国文化对于当时的中国就再也没有什么特别的影响了。② 事实上，法国传教士不仅没能在中国成功地传播基督教，甚至都没有能够像他们所希望的那样，在两国之间建立

① 转引自 Muriel Détrie, *France-Chine*, *Quand deux mondes se rencontrent*, Paris. Gallimard，2004，p.24。
② 虽然康熙在他的夏宫里藏有大量欧洲书籍，据说他还命人翻译了一部分，可这些书对当时中国知识界的影响似乎十分有限。再者，康熙对西学的兴趣似乎始终都只是他的个人爱好，没有转化为国家政策，这就大大限制了法国传教士传播西方文明努力的成效。

起真正的亲密关系。说到底，要当时不可一世的"天朝上国"承认和远西的蕞尔小国法兰西关系平等，要康熙愿意和路易十四平起平坐，委实还有点难。在当时的清朝皇帝眼里，法国送来的礼物不过是在对中华帝国"纳贡"，而它派来的这些使者，也不过是一些奴才——他们当然很博学很灵巧，但终究是可以随意让他们效劳的。所以，比较起来看，这个时期中国人对法国文化的重视，在程度上显然远低于法国人对中国文化的重视，因而这个时期西方文明在中国的传播，在成效上也远不如中国文明在法国的传播了。

这个时期中国文化对法国文化机体的强力渗透

在中法文化的早期交往史上，我们看到了一个很有趣的现象：法国传教士们不远万里、千辛万苦地跑到中国，主要目的本来是去那里传播基督福音、西方文明的，不承想最后不但没有在中国赢得多少基督信徒，反而却使中国的文化风尚深深地"侵入"了法国乃至全欧的知识界和上流社会。中华传统文明那种超常的感染力，于此可见一斑。

其实，这个时候的法国人也不是只对中国文化感兴趣，他们是对一切异国的文化都感到好奇。他们十分热衷于广泛搜集和研究世界各民族的奇风异俗，而且还特别热衷于对那些非西方人的生活经验加以思考、总结和论说。而当时奔走于全球各个角落的西方传教士、殖民者和商人的活动，也为法国人的这种文化"猎奇"

伏尔泰

兴趣提供了极其广阔的驰骋空间。无怪乎法国的伏尔泰早在18世纪就能写出一部人类文化史的开山之作——《风俗论》！反过来，能想象在当时闭关自守的中国出现这样的作品吗？

然而中国文化，作为非西方文化的首要代表，却还是注定要成为当时面向世界的法国人的首要关注对象。而中华文明在那个时候也的确辉煌到了极点，非常引人注目，只是当时的法国人大多都还看不出来，那已经只是一片灿烂的晚霞。

这就是为什么在当时的法国乃至整个欧洲，会迅速兴起一股经久不衰的"中国热"。我国学者许明龙对这场"中国热"有这样一段生动的描绘：

> 18世纪初，"中国热"在法国方兴未艾，上自君王重臣，下至平民百姓，几乎无人不对中国怀有强烈兴趣，在华传教士们的出版物成了热门读物，来自中国的商品受到热烈欢迎，有关中国的消息和知识不胫而走。中国瓷器在法国拥有无数喜爱者，在17世纪中期，任何一个别墅或宫殿中若

无中国瓷器点缀，便不可能被看作完美。早在 1688 年，中国人的形象就首次出现在法国舞台上，在一出名叫《离婚》的闹剧中，一位饶舌的"中国大使"滔滔不绝地向一位法国姑娘介绍中国的民情风尚。1700 年元旦，凡尔赛宫举行以"中国之王"命名的盛大舞会，国王路易十四坐在一顶中国式的轿子里来到会场，博得全场一片喝彩。法国传教士白晋 1697 年从中国返回法国后，赠送给王室一本画册，书中所展示的许多中国王公贵族和官员的服饰，很快就成为法国上流社会竞相效仿的对象。[①]

我们还看到，法国上流社会对中国工艺品（主要是瓷器和漆器）的喜爱，很快产生了一些意义深远的后果。由于这方面的社会需求过大，严重危及法国的外贸平衡，于是政府开始鼓励仿制，实行"自力更生"，由此法国渐渐发展起了自己的瓷器和漆器制造业。

早在 1677 年，法国人夏尔丹（Chardin）就在布撒诺开设瓷厂，仿制中国的青花软质瓷，但质量不理想。18 世纪初叶，法国耶稣会士殷弘绪（Franois-Xavier d'Entrecolles）在中国瓷都景德镇住了整整 10 年（1712—1722），说是在传教，实际上是在做"工业间谍"，搞了大量有关瓷器生产的情报，随同制瓷原料高岭土和瓷石的标本一起寄回法国。法国塞夫尔的王家工场遂根据这些资料积极改进技术，并在利穆赞找到了高岭土，终于在 1769 年烧出

---

① 许明龙：《黄嘉略与早期法国汉学》，中华书局，2004 年版第 47～48 页。

了硬质瓷器。在漆器仿制方面，细木工马丹（Robert Martin）最为成功，他制作的中国式漆器几可乱真，轰动一时，不仅被伏尔泰夸为"超过了中国艺术"，而且得到了路易十五的情妇蓬巴杜尔夫人的青睐。此外，中国制作丝绸、刺绣、壁纸等产品的工艺及美术风格，也在法国得到了广泛的学习和模仿。当然，类似的情况在当时欧洲的其他国家也普遍存在着。事实上，整个奢侈品的生产在当时的欧洲曾形成过一股十分强劲的经济浪潮，而这股浪潮，按德国学者维尔纳·桑巴特的一个很有名的理论，是对欧洲资本主义的发展起过巨大推动作用的。[①] 如果桑巴特所言不虚，则人们也有理由认为，中华文明的西传，也在这里为法国乃至整个欧洲资本主义的发展提供过某种不容忽视的重大助力。

路易十五肖像画

---

① 见桑巴特《奢侈与资本主义》，王燕平、侯小河译，刘北城校，上海人民出版社，2000 年版第 210 页。

《蓝色调的蓬巴杜夫人》，布歇，1756 年

　　另一方面，中国工艺美术，加上中国园林艺术的传入，还促使法国的艺术潮流发生了重大变化。17 世纪到 18 世纪初叶欧洲比较盛行的艺术风格是夸张浮华、注重激情和扭曲变形的巴洛克，它的起源和罗马教廷的反宗教改革运动有密切的关联，后来又得到了坚持天主教信仰的哈布斯堡王朝的刻意倡扬。由于宗教分歧和民族矛盾，对于这股艺术的盛行，桑巴特认为，巨大的奢侈消费导致了工业的根本变革，而这种变革又进而受到现今潮流也曾发生在当时欧洲的一些国家（特别是在法国、荷兰和英国）有意的抵制。作为奥地利哈布斯堡王朝的主要劲敌，法国在 17 世纪为抗衡巴洛克而发展起来的主要是一种讲究平衡、对称与稳重的古典主义艺术风格，这在路易十四时代表现得尤其突出。但除了来自古希腊罗马的古典主义之外，来自中国的艺术风格这时也开始得到法国宫廷的青睐，其典型例证就是路易十四 1670 年在凡尔赛宫修建的大特里亚农宫（又叫"瓷特里亚农"，1687 年改建为"大理石特里亚农"），其中吸收了许多中国建筑和园林艺术的要素。不过一般认为，中国艺术风格在法国的盛行，主要还是在路易十四去世（1715）之后。路易十四在位 72 年，亲政 54 年，一贯穷兵黩武（共打了 31 年仗），同时在文化趣味上厉行专制，只允许他喜欢的古典主义艺术风格通行。他的死自然使法国社会感到了一种如释重负的轻松，于是法国艺术开始突破严谨呆板的古典主义，兴起洛可可潮流。洛可可和巴洛克之间有一定的传承关系，两者都强调曲线与动感，但也有很大的不同：巴洛克以力量和激情见长，带阳刚之气；洛可可则软绵绵的，轻快、活泼、自在，带阴柔之美，还有一种自然逸趣。有人说洛可可只是巴洛克的"法国化"，是一种"带法国口音的巴洛克"，[①] 但显见的是，这种"法国巴洛克"的出现也和崇尚淡雅、师法自然的中国审美趣味的西传有很大的关系。当时法国的园林设计变得越来越讲究中国式的野趣就表明了这点。18 世纪下半叶中国园林艺术甚至风靡了法国（这在很大程度上得益于王致诚关于圆明园的详细介绍），同时受到法国人喜爱的还有英国的园林艺术，结果产生了一种被称作"英华风"的园林，其典型表现便是修建于小特里亚农宫花园里的 10 座小村落，那是法王路易十六的王后玛丽·安托万奈特的最爱，它们分布在绿荫深处、池塘水边，由小戏院、磨房、奶场、住室、鸽房、粮仓等建筑群组成，一派素朴的农家景象。[②]

大特里亚农宫

小特里亚农宫

---

① ［美］拉尔夫等：《世界文明史》下卷，赵丰等译，商务印书馆，1999 年版第 153 页。
② Cf. Muriel Détrie, *France-Chine*, *Quand deux mondes se rencontrent*, Paris, Gallimard, 2004, pp.25~26.

瓦托的《舟发西地岛》突显洛可可画风的琐细和美感（1721, 卢浮宫）

路易十六画像

布歇自画像

《中国园林》，布歇，1742 年

启蒙时代法国的园林艺术同时为英国和中国的审美趣味所浸染，这本身就是一件颇有深意的事情。我们后面将看到，这个现象正好体现了当时法国思想界精神气候的基本特点。

18 世纪法国的中国热远非仅局限于建筑和园林艺术方面，这时的法国人实际上对一切有中国风味的东西都充满了兴趣。帷幔、挂毯、壁画、家具、彩陶、服装……渐渐的，一切装饰艺术都被中国潮裹挟而去。连在技法上并不受法国人欣赏的中国绘画，也以其浓郁的东方风情深深地影响过像瓦托（Antoine Watteau）和布歇（Fraçois Bucher）这样一些法国绘画大师。瓦托是最早尝试画中国风情画的法国画家之一，他在 1700 年为缪埃特城堡（Chateall de la Muette）的国王密室画了一些"中国和鞑靼"的人物形象，由这些画制作的版画后来十分闻名。布歇也为迎合时髦画了两个中国舞台系列画，这些画后来被博韦（Beauvais）的一些手工工场制成了挂毯，人们在今天的奥布森（Aubusson）挂毯上还能看到它们的影子。皮尔芒（Jean

Pillement)和于艾（Jean-Baptiste Huet）则因编了一部中国风格装饰图册而成为家喻户晓的名人，这部图册实际上也极大地影响过当时法国的整个装潢艺术。[①]

中国的戏剧表演在文学内容上对法国影响不算大，传教士们只向法国人介绍了一部中国元杂剧《赵氏孤儿》。伏尔泰据此写了部五幕剧《中国孤儿》（1755），借以在法国倡导中国式的美德，但效果不尽如人意。不过18世纪法国的舞台艺术，包括喜剧、歌剧、闹剧和芭蕾舞剧等，在服饰和场景装饰上仍被打上了显著的中国印记。[②]

在日常生活方式方面，18世纪法国也在普遍追求中国化。在巴黎出现了一些专门出售中国小摆设的商店，其中的商品既有从中国进口的，也有法国仿制的。到18世纪末还出现了很多所谓的"中国浴室"，其装饰风格即使不是真正中国化的，至少也是刻意东方化的。17世纪末引进的茶叶也是在这个时候成了法国人的日常饮品。在罗马时代就享有盛名的中国丝绸仍十分风行，不过这时它已经受到许多法国本土生产的比较便宜的纺织品的竞争，只是这些纺织品仍带有其样板产品的原产地的名称，如"南京布"（nankin，一种多呈黄色的棉布）、"北京绸"〔pékin，一种丝织品，系瓦朗斯（Valence）市特产〕之类。从1730年起，一种被称作"中国缎"（chiné）的杂色丝织品被广泛用于装潢，同时还迅速兴起

---

① Cf. *Muriel Détrie*, *France-Chine*，*Quand deux mondes se rencontrent*，Paris，Gallimard，2004，pp.27~29.

② Ibid.，pp.29 ～ 30.

了一种源自中国的彩色墙纸制造业。①

除了审美趣味、生活方式之外，自 18 世纪初起法国人还对中国的思想文化表现出越来越浓厚的兴趣。也是"天作之合"：正好在这个时候，一个名叫黄嘉略（Arcade Hoang，1679—1716）的"小中国佬"突然跟随一个法国传教士来到了欧洲，来到了巴黎，和那里渴望了解中国但又从来没见过中国人的上流社会及知识界相遇了，由此发生了中法之间有史以来第一例在法国土地上进行的"人员交流"。而黄嘉略这个人物本身也并不寻常，应该说他并不是一个普通的中国人，而是中西文明交往的一个产物：出身于福建莆田一个虔诚的天主教徒家庭，本名黄日升，"嘉略"是他在受洗时起的教名，而他在 7 岁时就被献给了上帝，由一位法国传教士收为义子并随之云游传教，同时接受了一个中国籍的天主教神职人员应该接受的各种教育——可所有这一切，却又似乎丝毫没有改掉他身上的"中国味"，他终其一生在文化心态上都还仍然是个"小中国佬"。就是这样一个人，在这样一个时刻来到了巴黎这样一个地方，这就不免要生出一些故事。

首先是法国的汉学由此开始起步。1706 年黄嘉略决定定居巴黎后，便向法国政府毛遂自荐，要为法国的汉学效力。而这对当时的法国政府来说，简直就是"天上掉馅儿饼"的好事，因为这个政府这时正在为法国的中国研究远远落后于德国等欧洲国家而苦恼，正在琢磨着如何尽快建立起法国自己的汉学。于是黄很

---

① Cf. *Muriel Détrie*，*France-Chine*，*Quand deux mondes se rencontrent*，Paris，Gallimard，2004，pp.27.

快就得到了一个"国王中文翻译官"的头衔，并被安排到王家图书馆做中文书籍的编目工作（当时中文书籍正在迅速增多，而那往往是中国皇帝赠送的礼物），稍后又受命编写《汉语字典》和《汉语语法》两书。编这种汉语工具书在当时全无先例可循，纯粹是一种拓荒，但黄毫不畏缩，筚路蓝缕忘我奋进，终于尽己所能做出了许多令人称道的业绩，而在此过程中，先后协助过他工作的两位法国青年学者弗雷莱（Nicolas Fréret）和傅尔蒙（Etienne Fourmont），也在他的启蒙和点拨下逐渐成长为法国汉学饮誉全欧的大师级人物。①

参与法国汉学的奠基工作似乎构成了黄在巴黎的主要活动。但与此同时，似乎是在不经意间，他还在从事着另一项事业，这就是在日常的社交活动中，应好奇者和研究者的提问，对中国文化和中国社会实况进行解说。而且，他在这方面好像还干得特别成功：

> 无论是王公贵族或是文人学子，都希望通过与他的接触，获得更多更真实的有关中国的信息。他虽然没受过正规的中国传统教育，但他曾长年周游各地，而且一向勤于观察，所以见多识广，无论天文、地理、历史、政治，还是风土人情，都略知一二，在对答法国人的询问时，可谓游刃有余。这对于那些对中国抱有好奇心或求知欲的法国人来说，无疑是久旱逢甘霖。②

---

① 参见许明龙：《黄嘉略与早期法国汉学》，中华书局，2004年版第47～54页。
② 同上，第49页。

1742 年在法国出版的傅尔蒙著作《中国官话》

植物学家朱西厄

显然，他具备做好这方面工作的各种有利的条件。在这个欧洲普遍流行"中国热"的时候，他不仅是唯一的一个出现在欧洲的中国人，[①] 而且是一名在当时十分罕见的学贯中西的中国知识分子，同时又是一名容易得到法国人信任的天主教徒——实际上是天时、地利、人和都占全了。所以他一到巴黎，就顺利地进入了那里的上流社会，不仅常常是达官显贵们家里的座上客，而且还成了法国学界炙手可热的一大"红人"，身边总有一些关注中国问题的大学者相伴——其中除了弗雷莱和傅尔蒙之外，还有天文学家德里尔（Joseph Nicolas de Lisle，1688—1768）、天主教奥拉托利会图书馆馆长戴默莱（Pierre Nicolas Desmolets，1678—? ）、植物学家朱西厄（Antoine

---

① 当时跟随梁弘仁赴欧的还有一个名叫李若望的中国青年天主教徒，他们此行的目的是要就在中国发生的"礼仪之争"问题向教皇做汇报。但罗马工作结束后李即不知所终，估计可能已病逝于罗马，黄嘉略则于 1706 年回巴黎定居，是当时生活于法国乃至整个欧洲的唯一的中国人。参见许明龙《黄嘉略与早期法国文学》，中华书局，2004 年版第 1～49 页。

Jussieu，1686—1758）、东方学家及王家碑文与美文学院院士加朗（Antoine Galland，1646—1715），以及当时正在巴黎游学、尚未出道的青年学人孟德斯鸠，等等。当然，所有这些名流同黄交往的目的，无非是想通过他了解一些法国社会十分关心的中国文化的真实情况，而这些有关中国的文化信息一旦经由黄传到他们那里，想来又不免会借助他们的巨大影响力呈几何级数向法国社会扩散，故关于黄在巴黎的活动究竟产生过怎样的文化影响，尽管不易评估，但也终究不可低估。

孟德斯鸠

比如一些学者看到，孟德斯鸠学术思想的形成似乎就深深地受过黄嘉略的影响。在笔者看来，根本无须别的业绩，仅此一事就足以令黄不朽：要知道孟德斯鸠在法国启蒙运动中的地位绝非一般，他的"三权分立"学说一直是现代政治文明的一块主要基石。然而这一伟业中竟有黄嘉略的一份功劳！1713年9月，当他带着一大堆有关中国的问题找到黄嘉略的时候，孟德斯鸠还是一个涉世未深的24岁的学术青年。此后的3个月里，他们之间就发生了一系列深入的交谈（根据黄的日记，孟德斯鸠至少一共往访了 7 次，其中 6 次是单独往访），而谈话的内容也被笔头勤快的孟德斯鸠及时地一一记录在案，那就是我们今天仍能在《孟德斯鸠全集》里读到的一份长达 27 页的笔记，题为"我与黄先生的谈话中关于中国的几点评注"。值得注意的是，这份文献记录的虽然是黄的谈话，但其内容都经过了孟德斯鸠的咀嚼和消化，因而在相当程度上反映的是后者本人的看法。由是观之，这份文献实际上是黄与孟合作的成果，前者提供素材，后者加以评述。而且，西方学界的大量研究业已表明，这份文献中的很多思想，事实上已经深深地渗入了孟德斯鸠的两部主要著作——《波斯人信札》和《论法的精神》，而孟德斯鸠在启蒙时代之所以能对广为称颂的中华文明保持一种冷静的批判态度，很大程度上也正是由于黄嘉略曾让他看到了一个比较真实的中国；同时人们还发现，孟氏成名作《波斯人信札》中的那两位波斯青年（郁斯贝克和黎伽），其实根本不是什么真正的波斯人，而恰恰就是黄嘉略……[1]

黄嘉略短暂、凄清而又不乏传奇色彩的人生历程，实在是中法早期文化交往史上的一段可圈可点甚至可歌可泣的佳话。只可惜国人长期昧于这段史实，只是到最近才通过许明龙先生的有关专著得窥一斑，因此我们现在还远不能说清黄嘉略这一现象的全部历史意义。但无论如何，黄嘉略现象的一个很重要的特点却是很清楚的，那就是在中法文化交往史上的一个非常关键的时刻，

---

[1] 参见许明龙：《黄嘉略与早期法国文学》，第二部分第五章"对孟德斯鸠的影响"，中华书局，2004 年版。

一个有志于向法国传播中华文明的中国学术青年，以一种特别恰当的知识准备和特别有利的社会身份，充当了这种文化传播的一条极其高效同时也意义极其深远的渠道或桥梁。

综上所述，我们不难看到，在中国审美趣味、生活方式的大规模传入给18世纪的法国社会增添了许多活力的同时，中国文化中的一些更理性、更精细的东西也在向法国社会积极渗透。事实上，正是中国文化的这些要素将对18世纪法国文明史的核心内容产生某种根本性的重大影响，而法国历史对现代世界历史的主要影响，或者说法国文明对现代世界文明的主要贡献，也正是在这个过程中被规定下来的。

不言而喻，这里所说的中国文化中"更理性、更精细的东西"，主要就是中国的那一套以儒家学说为核心的传统思想文化。而那些能构成"18世纪法国文明史核心内容"的东西，当然又非启蒙运动和法国大革命及其政治文化莫属了。人们熟知，没有法国启蒙运动，就没有法国大革命，也就没有现代性或我们今天的现代世界。而如果没有中国传统思想文化的传入，法国能发生那样气势恢宏的启蒙运动吗？从下面的历史叙述中我们会看到，那将是非常值得怀疑的。

第二章
中华文明对法国
启蒙运动的贡献

说起来，法国启蒙运动的源头应该是在英国，与 17 世纪英国发生的两次革命密切相关。

这两次革命，一次是以牛顿的名字命名的经典力学革命，一次便是著名的"英国革命"，它起于 1640 年的"清教运动"，经过许多曲折，最后经 1688 年—1689 年的"光荣革命"，才走完了它的全过程。

反映 1688 年—1689 年的"光荣革命"的油画

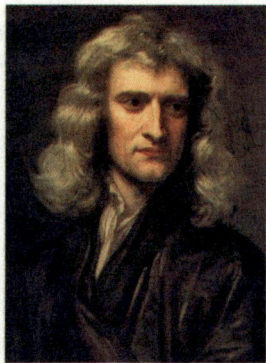

牛顿

约翰·洛克

　　牛顿革命和英国革命差不多是在同时完成的（牛顿的划时代著作《自然哲学的数学原理》发表于 1687 年，适值"光荣革命"前夜），而它们的意义同样非同小可：前者以万有引力的辉煌发现，证实了人的理性的几乎无所不能的伟大；后者以其辩护人约翰·洛克的自由主义理论的系统阐述，判定了一切压抑人权的专制制度的非法。整个欧洲知识界不禁为之亢奋，以反对宗教迷信和封建专制制度、倡扬科学与民主为主要内容的启蒙运动由此滥觞。

　　后来的世界历史发展进程表明，这场启蒙运动的实际意义，是为现代社会勾画了一幅蓝图，并为全球传统社会的现代转型提供了巨大的精神驱动。整个 18 世纪的西欧和英属北美殖民地的知识界都曾被这场运动裹挟而去，而其中最为活跃的，又是一个极不安分也极富于想象力的法国哲人群体，他们实际上构成了整个启蒙运动的主力军。这支主力军有一位大名鼎鼎的领军人物，他便是伏尔泰（Voltaire, 1669—1778）。此公出身公证人家庭，既经商又做文人，而且都非常成功。青年伏尔泰在 1726 年—1729 年曾流亡英国，在那里深为英国科学和政治思潮所浸染，回国后即致力于宣传牛顿和洛克，成为向法国系统介绍这两位英国知识巨匠的第一人，并从此成为法国启蒙运动主流派[①]的代表人物，并享受着整个启蒙运动的旗手的盛誉。

卢梭

法国启蒙哲人的中国崇拜

英国的科学和政治文化无疑是法国启蒙运动极其重要的灵感源泉。然而如果说法国启蒙运动的灵感在海外仅仅有英国这么一个源头，那却是大错特错的。事实上，英国文化有没有构成法国启蒙运动最主要的思想资源，都还很难说。为什么？就因为在当时流行于法国的那种"英国热"的侧畔，还实实在在地存在着一个"中国热"。而且后者的热度，比起前者来好像还有过之而无不及——这是法国汉学家维吉尔·比诺告诉我们的一个客观事实。他的话是这样说的："当人们翻阅 18 世纪法国思想家、经济学家撰写的作品、游记或报刊文章时，会惊讶

① 笔者以为，法国启蒙哲人多崇尚英式自由主义，仅卢梭、马布利等少数人对之持批判态度。前者可被视作法国启蒙运动的主流派，后者则为非主流派。

莱布尼茨

歌德

地发现中国的名字是如此频繁地出现，激起了那么多的赞誉之词。仅以此而论，中国似乎就比英国更受欢迎。"①

那么，何以中国文化会在启蒙时代饱受法国人（其实也不只是法国人，许多德国人如莱布尼茨、歌德等也一样）的青睐？这显然是因为中国文化的独特气质和当时西欧的精神气候之间产生了某种不期然的契合。18世纪的法国启蒙哲人对中国文化的了解，主要是以赴华耶稣会士的大量私人书信为媒介的。这些信件的收信人有学者，也有教会上级和王公显贵等一些能够为传教士们提供财政和政治支持的人。很多这样的信件后来都公开出版了，相关出版物中规模最大的，是一部在1702年—1776年陆续问世的34卷《耶稣会士书简》。法国传教士们在这些书信中描绘的中国形象总的来说是很正面也很诱人的：那是一个

① 转引自孟华：《1740年前的法国对儒家思想的接受》，载《学人》第4辑，江苏文艺出版社，1993年版第320页。

强大而繁荣的国家，君主很开明，很重视教育和实用生产技艺，并得到了一群按功绩录用的官员团体辅佐；人民是讲道德的，社会得到了良好的治理；作为主导意识形态的孔子学说实际上是一种一神论的宗教，完全没有道教和佛教所鼓吹的那些迷信和偶像崇拜。① 传教士们这样描绘中国，本来有其职业上的用意，那就是企图让人们相信在中国传教有成功的可能性，因而是一件值得做的事业。然而不承想，他们的这些描述，却为这一传教事业的敌对者，也即那些执意挑战基督教会的精神主宰权的启蒙哲人们，带来了一阵阵抑制不住的狂喜！

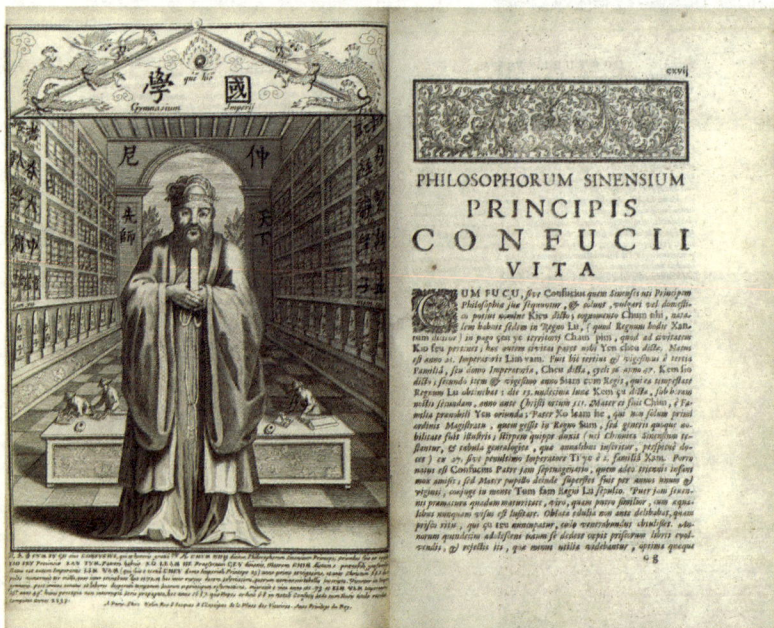

1687 年巴黎发行的《孔子生活与成就》一书

---

① Muriel Détrie, *France-Chine*, *Quand deux mondes se rencontrent*, Paris, Gallimard, 2004, pp.30~31.

因为他们在这幅中国图景中，看到了许多他们正在试图证明或正在热切期望的东西。

首先令他们兴奋的，是古老而可靠的中国编年史一举证明了《圣经》的荒谬。伏尔泰在他的《风俗论》中写到下面这些文字时，显然是非常得意的：

> 他们的（指中国人——引者）历史已由我们那些热衷于互相诘难的各个教派——多明我会、耶稣会、路德教派、加尔文教派、英国圣公会教派——的旅行者们所一致证实。不容置疑，中华帝国是在4000多年前建立的。那些在杜卡利戎时代的大洪水和法埃通从天而降的神话中保存下来而又以讹传讹的有关地球的变迁、大洪水、大火灾等故事，这个古老的民族从来没有听说过。[①]

古腾堡《圣经》，第一本印刷的《圣经》

---

① ［法］伏尔泰：《风俗论》上册，梁守锵译，商务印书馆，1995年版第73～74页。

考虑到有人会质疑中国历史记载有误，伏尔泰马上做了这样的补充："如果说有些历史具有确实可靠性，那就是中国人的历史"，因为"中国人把天上的历史同地上的历史结合起来了。在所有民族中，只有他们始终以日食月食、行星会合来标志年代；我们的天文学家核对了他们的计算，惊奇地发现这些计算差不多都准确无误"。①

而更令法国启蒙哲人们欣喜的，还是中国的那一套在他们看来极富于"理性"的社会政治制度：那似乎正是他们希图在欧洲建立的"理想国"！

伏尔泰说："中国人在道德和政治经济学、农业、生活必需的技艺等方面已臻完美境地。"②

狄德罗赞美儒学："只须以理性或真理，便可治国平天下。"③

霍尔巴赫："中国是世界上唯一的将政治和伦理道德相结合的国家。这个帝国的悠

狄德罗

---

① ［法］伏尔泰：《风俗论》上册，梁守锵译，商务印书馆，1995 年版第 74 页。
② ［法］伏尔泰：《哲学辞典》上册，王燕生译，商务印书馆，1991 年版第 323 页。
③ 转引自沈福伟：《中西文化交流史》，上海人民出版社，1985 年版第 452 页。

久历史使一切统治者都明了，要使国家繁荣，必须仰赖道德……
欧洲政府必须以中国为模范。"

　　波维尔："如果中国的法律变为各国的法律，中国就可以为世
界提供一个作为归宿的美妙境界。"[1]

　　魁奈："自然法则是人类立法的基础和人类行为的最高准则，
但所有国家都忽略了这一点，只有中国例外。"[2]

魁奈画像

----

[1]　转引自沈福伟：《中西文化交流史》，上海人民出版社，1985 年版第
452 ～ 453 页。
[2]　同上，第 453 页。

伏尔泰的中国情结及其由来

法国启蒙运动中就这样弥漫着一股"中国崇拜"的热烈气氛。而作为启蒙旗手的伏尔泰，更是首屈一指的"中国迷"。这位鄙夷一切传统宗教权威的思想家，唯独对孔子推崇备至。他甚至在自己的小礼拜堂里供奉着孔子的画像，每日顶礼膜拜。"我钻研过他的著作，我还做了摘要，我在这些书中看到的只是最纯朴的道德思想，丝毫不染江湖色彩。"他在《哲学辞典》里这样写道。[①]在同一部著作里人们还能读到这样的赞词："再说一遍，中国的儒教是令人钦佩的。毫无迷信，毫无荒诞不经的传说，更没有那种蔑视理性和自然的教条。"[②]在《路易十四时代》中，伏尔泰又对中国文化发出了这样由衷的赞美：

> 中国的读书人，除了崇拜某一至高无上的上帝之外，从来别无其他宗教信仰。他们尊崇正义公道。他们无法了解上帝授予亚伯拉罕和摩西的一系列律法，以及长期以来西欧和北欧民族闻所未闻的弥赛亚的完善的法典。以下这一点是确切无疑的：当高卢、日耳曼、英吉利以及整个北欧沉沦于最野蛮的偶像崇拜之中时，庞大的中华帝国的政府各部正培养着良俗美德，制定法律，只承认一个上帝，对这个上帝的朴素的信仰始终不渝。[③]

---

① 《哲学辞典》上册，第322页。
② 同上，第331页。
③ ［法］伏尔泰：《路易十四时代》，吴模信、沈怀沽、梁守锵译，吴模信校，商务印书馆，1982年版第597～598页。

伏尔泰还认为中国是个讲法治的国家："假如有过一个国家，在这里生命、荣誉和财产都得到了法律的保护，那么，这就是中华帝国。"而且中国的法律极其完美公正："判处一个人的死刑时，往往过分谨慎，简直达到了顾虑重重的地步。""这个帝国的法院存在了四千多年，因此四千多年以来，甚至在帝国最边陲的地区，法官们也从未不经上报皇帝就处决一个村夫，对任何案件，皇帝都命该法院复核三遍，之后他才签发死刑判决，或改判徒刑，或彻底赦免。"正因为有这样贤明的法律，中国无论如何都是"世界上最公正、最人道"的民族。[①]

这些话显然是一些溢美之词，而且显然有不小的夸张。此外，法国汉学家艾田蒲还注意到，伏尔泰刻意不提中国政治的种种阴暗面，而由于许多传教士忠实客观的报道，这些阴暗面在18世纪法国已是众所周知的事实。比如，艾田蒲指出，尽管大家都认为中国治理得令人赞叹，但那里也常常闹饥荒，而那些在华传教士也不会不知道，由于中国官场贪污盗窃成风，中国那些令欧洲人惊叹的所谓用于赈灾的公共谷仓往往都被贪官们吃空，结果很多灾民至死也没有得到救济。然而"对此，伏尔泰不愿深谈"，为什么呢？艾田蒲的解释是："因为当时在法国，最棘手的问题就是生计问题，众所周知，这是加速了大革命爆发的问题之一。假如中国也存在同样的问题，怎能把它作为我

[①]　［法］艾田蒲：《中国之欧洲》下册，许钧、钱林森译，河南人民出版社，1994年版第277～278页（对译文有过适当调整，下同）。

国的榜样呢？"①

伏尔泰不仅对中国政治的阴暗面置若罔闻，还常常刻意为中国在科学技术和艺术方面的落后护短。当时许多欧洲人尤其是传教士都将中国在这方面的缺点视作基督教优越性的证据，而伏尔泰则从不这么看，他总想找点什么借口来原谅中国。比如，他在《风俗论》里就把中国在技艺发展方面的缓慢和停滞归结为一种"人所共有的"迷信，而且西方人对这种迷信的克服也不过是不久以前的事情。②艾田蒲还举出了下面这些有趣的事例：③

——伏尔泰承认中国在印刷术方面不如西方高明，然而，他津津乐道地反复强调，"在我们既不识字也不会书写的年代，中国已到处可见印刷的书籍了"。

——当有人批评中国在建筑方面缺乏审美眼光、老喜欢盖那种宽大而低矮的房屋时，伏尔泰曾尖刻地反驳说："但至少应该承认，他们建筑铺有琉璃瓦的房屋都已有几个世纪的历史的时候，我们还与家畜挤在小木板屋里面哩，而且在威斯特伐利亚直到今天还可以见到这种情形。"

——伏尔泰并不欣赏中国的绘画技法，认为它幼稚，未掌握艺术的奥秘："一般来讲，他们写字和绘画一样，不懂得艺术的奥妙；直到如今，他们的绘画也不讲布局、视角、明暗；他们的书

---

① ［法］艾田蒲：《中国之欧洲》下册，许钧、钱林森译，河南人民出版社，1994 年版第 279 页。
② 伏尔泰：《风俗论》上册，梁守锵译，商务印书馆，1995 年版第 215 页。
③ 参见［法］艾田蒲：《中国之欧洲》，许钧、钱林森译，河南人民出版社，1994 年版第 282 ～ 284 页。

法也受到这种缺陷的影响。"但这种批评很快就又变成了赞扬："看来，在他们的作品贯穿着一种明哲的平庸、一种简单的真实，与其他东方民族的那种浮华的风格迥然不同。"

——伏尔泰认为中国人在化学方面成就斐然，"虽然他们未曾成为优秀的物理学家，然而他们却发明了火药；但他们只将它用来制造节日焰火，在这方面他们超过了其他民族。"虽然中国的天文学现状比欧洲落后，北京观象台上的浑天仪不如欧洲的天文仪器先进，但它们毕竟比其他亚洲民族先进。有人说中国人几何学不行，伏尔泰则辩护说："毫无疑问，早在希腊人欧几里得在亚历山大时代列出那些原理的几个世纪以前，中国人就已了解那些基本原理了。"他还根据巴多明神父的一篇文章指出："西方人认为是毕达哥拉斯所发现的那条著名定理，对于中国人来说，早已属于最为人熟知的定理之列……"

伏尔泰如此百般美化、呵护中国的形象，无非是一定要把中国牢牢地确立为法国和西方的楷模。中国的榜样在伏尔泰心目中竟是如此重要，那么，他究竟看上了中国的什么？

一般说来，伏尔泰对启蒙运动的贡献，主要是在欧洲大陆（首先是在法国）传播了经验主义和自由主义这两股英国思潮。前者源自培根，经牛顿革命的光大而显示出非凡的价值，为启蒙运动奠定了"科学理性"的基石；后者源自盎格鲁 - 撒克逊民族的特有传统，经由英国革命特别是洛克的理论总结而完成了它的现代转型，并在启蒙运动中被确立为现代文明的一个不可或缺的基本要素。

从本质上看，应当说这两股英国思潮分别体现着现代社会的两个基本价值：一是科学（或曰理性），一是自由。法国启蒙运动当然不只是限于对这两个价值的简单宣传，不过它的首要任务，还只能是先让它们立住。

然而在当时的欧洲大陆，尤其是在法国，要让人们普遍认同科学与自由这两个价值，绝非易事。障碍主要来自欧洲特有的基督教传统，来自天主教教会的精神统治，那是一种极其严格而蛮横的宗教专制，它丝毫不能容忍对教会权威的触犯，也不能容忍任何有违天主教教义的言论，而从清教英国传来的这些思想，本身就带有"罪大恶极"的异端邪说性质。

无怪乎伏尔泰常常气得要骂娘。他在寄给友人的几乎每一封信的落款处，都要恶狠狠地写上一句"铲除丑行！"（Écrasez l'infâme），以宣泄他对天主教宗教专制乃至一切偏执迷信行为的憎恨。大概也正是欧洲大陆这种宗教不宽容的严酷情境，使伏尔泰对自由的价值表现出特别强烈的关注。实际上他也是法国启蒙运动中公民自由权利的最热烈的鼓吹者。他曾宣称："一个人因为别人与他意见不同而加以迫害实与禽兽无异。"一句被认为是公民自由第一原则的名言，据说也出自伏尔泰："我不同意你所说的一切，但我将誓死捍卫你表述自己意见的权利。"[1]

这也很可能是伏尔泰特别迷恋中国的最根本的原因：中国，竟是这样一个神奇的国度，那里没有宗教专制，没有因信仰的不

---

[1] ［美］拉尔夫、勒纳、米查姆、伯恩斯：《世界文明史》下卷，赵丰等译，商务印书馆，1999年版第128～129页。

同而引起的迫害行为，人们享有充分的信仰自由！

其实，早在中国元朝的时候，欧洲人就领略到了中国的这种"自由"，而且中国似乎还是欧洲宗教宽容思想的实际源头。艾田蒲有此证词：

> 被派到中国蒙古地区的方济各会传教士们十分惊诧地发现，在大可汗的宫廷中，每个人都能信仰他自己选择的宗教，有的则干脆不信宗教。历史学家们普遍承认，这一发现是促使宽容的观念进入基督教国家的原因之一。无论如何，任何研究这种流行于哲学家的 18 世纪的宽容观念的人，都会发现中国当时被视作典型的宗教宽容国家。①

显而易见，启蒙时代伏尔泰们推崇中国，主要就是要以那里信仰自由的祥和，并借助由赴华传教士营造的一种比较安全的学术语境，来反衬和揭露欧洲宗教不宽容的荒谬，以期冲破这种精神禁锢，为科学与自由这两个英国价值的普遍确立开辟道路。在这个意义上，说伏尔泰们关于中国形象的宣传本身就是对自由价值的一种直接倡扬，当不为过。当然另一方面，以中国的历史悠久、宗教宽容和法律贤明，无疑也有助于从各方面彰显科学或理性的价值。总之，中国形象的确曾为伏尔泰贯彻他的启蒙初衷，提供了一个得心应手的工具。

---

① ［法］艾田蒲：《中国之欧洲》下册，许钧、钱林森译，河南人民出版社，1994 年版第 298 页。

1789 年法国《人权宣言》

"欧洲孔子"的异趣及其历史影响

除了伏尔泰之外，法国启蒙学者中还有一个著名的中国迷。他几乎言必称孔子，并因写有一部极力赞美中国文化的皇皇巨著《中华帝国的专制制度》（1767），而赢得了一个"欧洲孔子"的雅号。他和伏尔泰同属法国启蒙运动的主流派，不过他们不仅关注的领域有所不同，而且在价值取向、精神气质和社会影响上也有显著差异。

这个人，便是弗朗索瓦·魁奈（François Quesnay，1694—1774）。

如果说伏尔泰关心的主要是政治和宗教方面的问题的话，那么魁奈的研究兴趣则主要在经济改革方面。他出身地主家庭，本职是宫廷医生，但始终对土地和农业感兴趣，并且在政治经济学方面有极深的造诣，最后成为法国启蒙运动重农学派的主要代表人物。

重农主义，法文为Physiocratie，字面意义其实是"自然管理"或"自然秩序"，是一种反重商主义的政治经济学理论。它主张土地是一切财富的源泉，要求解除重商主义加于农业的戕害，而其实际用意，却是要取消封建贵族的免税特权，并赋予工商业以充分的自由。在后一点上，重农主义和亚当·斯密的经济自由主义是一致的，不同的只是，后者在政治上主张代议制政府，而前者则认为应以中国为榜样，由世袭君主实施某种"合法的专制"。

17世纪以来以重农主义为代表的法国经济改革思潮一直和中

国有着密切的渊源。作为重农主义先驱之一的沃邦（Vauban），就曾援例中国的先例，建议路易十四对法国的人口进行普查。一些有关中国的论著的作者（尤其是金尼阁神父）也曾盛赞中国的人口普查技术，他们尤其为人口众多却不像当时法国那样充斥着流浪汉和乞丐而惊叹。他们仔细研究了中国"富民"的原因，发现这一定程度上是由于一种自发的互助行为，一些人甚至得出结论说，个人财产只有在社会中没有任何人因贫穷而死亡时才是合法的。有人还发现，中国人的这种互助精神源自儒教教义中的一条自然法原理——"己所不欲，勿施于人"，儒教的道德基础就是人道主义。[①]

最为魁奈推崇的，也就是儒教的这种人道主义。而他所说的"合法专制"，实际上就是这种人道主义的"专制"。不幸的是，很多研究者（包括当时的卢

沃邦画像，18 世纪

————————————
① 参见［法］艾田蒲：《中国之欧洲》下册，许钧、钱林森译，河南人民出版社，1994 年版第 328 ～ 329 页。

梭和后来的托克维尔）都误解了魁奈，把他和他的学派视作专制政治的支持者。对此，艾田蒲做出了这样的抗辩：魁奈的"合法专制"无论和专制暴政还是和开明专制都毫无共同之处，它其实是一种以自然法则为基础的专制，是在坚持某种"自然状态"，而这在重农学派看来，也正是孔子学说的中心思想。这种"自然状态"不同于孟德斯鸠说的那种以恐怖为原则的专制主义，也不同于卢梭说的那种"社会契约"，而是一种"自然的，因而绝对不可缺少的义务与权利的秩序"："因为地球围绕太阳转，由此产生了四季更迭，而且由此产生了农业民族必须服从的某些自然法则，一个有条不紊的社会，必须制定能够对大自然中的自然事实，因而也就是对社会中的自然事实加以利用（我理解为将之转化为价值）的经济与政治法规"。①

这也就是为什么魁奈那么推崇奉行儒学的"中国专制制度"的缘由了，这种完美地遵循着自然法则的国度在他看来理应成为所有民族的楷模。而且值得注意的是，魁奈和他的弟子们在中国儒家文化的启发下，提出了这样一个重要思想：人们组成社会时不会像卢梭说的那样必须失去自己的部分自由，因为他们还是只服从基于自然状态或自然秩序而形成的法律，而国王也只能在不背离自然法则的情况下才能成为专制的立法者，如果他背离公正的法制，则人民有权用一切手段推翻他（因为儒学认为这时的国王已变成专制暴君，他将失去王位）。在重农学派的心目中，中国君主就不是一意孤行的，他须由一个来自民间各阶层、通过考

---

① 《中国之欧洲》下册，第 329 ～ 331 页。

试选拔的谋臣团体来辅佐，此外还为言论自由、宗教宽容等制度所制约。[1]

应该认为，魁奈及其弟子借助所谓"中国专制制度"所表达的，主要是一种热切的平等主义理念。实际上，在认为法国社会的弊端主要在于缺乏"平等"这一点上，他们与卢梭等非主流派启蒙哲人始终是完全一致的。而且，在抨击法国社会不平等状况的时候，重农学派的激烈和尖锐往往

米拉波侯爵

也丝毫不输于卢梭等人。米拉波侯爵就是一个典型的例子。这位富有的贵族一向以民主主义者姿态从事写作，总为穷苦农民鸣不平，抗议财富分配不均对农业发展的损害。他甚至曾因攻击欺压农民的税务官是国家最危险的寄生虫而被投入监狱。[2]

重农学派这一套充满平等关怀的经济理论，还通过杜尔果[3]的改革实践直接对法国的旧制度产生过颠覆性的影响。杜尔果是旧制度末期法国著名的政治家和经济学家，也是启蒙运动的参与者，并热情宣传过重农主义理论。他的政治活动在很大程度上也是一

---

[1] 《中国之欧洲》下册，第 332～333 页。

[2] 参见［美］威尔·杜兰：《世界文明史·卢梭与大革命》上册，台湾幼狮出版公司译，东方出版社，第 118～119 页。

[3] 杜尔果以魁奈信徒自居，但说他完全属于重农学派却很难。实际上他处于重农学派和亚当·斯密之间：他不像重农学派那样相信工业的无效能，坚持主张国民中各阶级应相互依存，并十分重视动产的地位和作用。他的经济方案的基本点是为国内和国际贸易要求完全的自由。（Cf. Mourre, *Dictionnaire encyclopédique d'histoire*, Paris, Bordas, 1996, 5601）

种重农主义的实践。他在利穆赞财政区（当时法国最贫穷的地区之一）做过 13 年监察使（1761—1774），政绩斐然，他通过向土地所有者征收财产税来筹资修路、废除了对农民的强迫劳役、开放了谷物贸易、加强了荒年的赈济等，结果赢得了平民的爱戴，也招致了贵族的怨恨。[1] 他授意高类思、杨德望对中国农业、物产和技艺等情况进行深入调查[2] 这件事，也发生在这个时期，这看上去是在搞中国的"情报"，实际上不过是在虚心向中国取经学习。1774 年 8 月他做了路易十六的财政总监，随即大规模展开重农主义改革：实行谷物贸易自由、建立仅以贵族和平民的地产为对象的赋税制度、废除行会体制、取消强迫劳役、减轻农民负担等[3]——尽管这些举措当时并未成功，但重农主义和后来法国大革命之间的某种内在关联，已经由此开始显现出来了。

对于这种关联，托克维尔极为重视。在他看来，法国大革命完成的纯粹是重农学派的事业："大革命后来废除的一切制度都是他们攻击的特定目标"，而"可以作为大革命本身创造的所有制度，都是他们预先宣布并热心鼓吹的"。不仅如此，托克维尔还法眼如炬，看到了"平等主义"这一法国大革命的核心特征与重农学派之间的渊源："在他们的著作中已经能够看出我们如此熟悉的那种革命民主气质。他们不仅憎恨某些特权，分等级也令他们厌恶。

---

[1] 参见［美］威尔·杜兰：《世界文明史·卢梭与大革命》上册，台湾幼狮出版公司译，东方出版社，第 127 ～ 128 页。

[2] 参见张芝联：《中法文化交流——历史的回顾》，见张芝联《从高卢到戴高乐》，三联书店，1988 年版第 47 ～ 48 页。

[3] Mourre, *Dictionnaire encyclopédique d'histoire*, Paris, Bordas, 1996, pp.5601~5602.

他们热爱平等，哪怕是奴役中的平等。"[1]崇尚政治自由的托克维尔当然不喜欢这种"奴役中的平等"，于是他开始讥讽重农学派对中国这个在他看来极其丑恶的专制国度的推崇：

> 他们在四周找不到任何与这种理想相符的东西，便到亚洲的深处去寻找。我毫不夸张地说，没有一个人在他们的著作的某一部分中不对中国倍加赞美；由于对中国还很不了解，他们对我们讲的尽是些无稽之谈。被一小撮欧洲人任意摆布的那个虚弱野蛮的政府，在他们看来是可供世界各国仿效的最完美的典范。他们心目中的中国政府好比是后来全体法国人心目中的英国和美国。在中国，专制君主不持偏见，一年一度举行亲耕礼，以奖掖有用之术；一切官职均经科举获得；只把哲学当宗教，只奉文人为贵族。看到这样的国家，他们叹为观止，心驰神往。[2]

究竟托克维尔有没有如艾田蒲所说误解了魁奈

托克维尔

---

① ［法］托克维尔：《旧制度与大革命》，冯棠译，桂裕芳、张芝联校，商务印书馆，1992 年版第 193 ～ 194 页。
② 同上，第 198 页。

的"合法专制"，这是一个一时很难说清楚的问题。不过，就本文的主要宗旨而言，这个问题并不很重要。这里最值得我们注意的，应该是托氏展示的中国文化经由重农学派和法国大革命的"平等"或"民主"精神之间发生的关联。

我们知道，法国大革命之所以不同于英国革命或美国革命而能被称作"大革命"，乃是因为它是第一次现代意义上的民主革命，因此它是一个开当今世界政治民主化运动先河的事件。而法国大革命之所以能建此奇勋，又主要是因为它比发生在它之前的那两次革命更重视"平等"价值的缘故。

一般认为法国革命时代平等价值的凸显主要应归功于卢梭。这也许没错。但如果因此而忽视重农学派的作用，显然也是不公正的。而若重农学派的作用不容忽视，则中国文化在这方面的积极作用也就应当得到相应的承认，尽管这可能只是由于一种"误读"。

诚如我们所见，尽管都崇奉中国文化，但由于性格气质、文化背景的差异，伏尔泰和魁奈两人从中国文化中品出的味道却大为不同：如果说伏尔泰从中国文化中读到的主要是"自由"的话，那么魁奈读到的主要就是"平等"。在这个意义上，魁奈及其弟子们实际上自觉不自觉地充当了卢梭的同盟军，也正是他们之间的这种"暗合"，才使"民主"的价值在法国革命中首次得到了彰显：因为现代民主，只靠英美革命所张扬的"自由"理念是立不起来的，它必须是"自由"和"平等"这两种理念的一种结合。

法国启蒙时代博爱观的中国渊源

我们还知道，法国启蒙运动还提出了一个在法国大革命中也相当流行的理念，那就是"博爱"。在西方，"博爱"（fraternité）一词虽有古希腊哲学的渊源，但也带有浓厚的基督教色彩。因而，在充满非基督教化精神的法国启蒙时代，这个词实际上已被赋予别样的意味。在笔者看来，启蒙时代的博爱思想是和一种超越了个人主义的人道主义观念紧密相连的，而这种人道主义观念实际上是所有启蒙哲人的一个共识。如狄德罗称：人道主义"是一种对一切人的仁慈的情感""是由于为别人的痛苦而担忧并急于解救他们，才会引起这种崇高的热情"。[1]霍尔巴赫也说："成为有德的人，就是把自己的利益放在同别人的利益相适合的那种情况之中；就是享受那些施给别人的善举和快乐。"[2]爱尔维修则认为："人道具有公共性，它高于个人利益，在必要的时候往往需要个人利益为之做出牺牲。"[3]

爱尔维修

---

① ［法］狄德罗：《丹尼·狄德罗的〈百科全书〉》（选译本），梁从诫译，辽宁人民出版社，1992年版第219页。
② ［法］霍尔巴赫：《社会的体系》上卷，商务印书馆，1964年版第275页。
③ 参见葛力：《十八世纪法国哲学》，社会科学文献出版社，1991年版第614～617页。

一般都认为法国大革命有一套三位一体式的口号，叫作"自由、平等、博爱"。19 世纪法国社会主义者皮埃尔·勒鲁《论平等》一书开篇第一句话写的就是："法国革命把政治恰当地归结为三个神圣的词：自由、平等、博爱。"[①] 然而这种看法和历史的真实是有出入的。实际情况是，法国革命时代的革命者们经常挂在口头的，只有自由和平等这两个词，而且也常常把两者连在一起说，但对于博爱，则不仅言者无多，而且也很少有人把它和自由平等连在一起说过。[②] 何以如此？历史学家莫娜·奥祖夫解释说，这是因为"自由平等是权利，博爱是道德义务"，权利和义务不可相提并论、等量齐观。[③] 这种解释有点草率，但它也反映了一个事实，即法国大革命主要是一种第三等级争取"权利"的斗争，而且这是一场极其艰巨、必须诉诸大规模暴力的斗争，以至于任何"博爱"的说教在其间都显得有些不合时宜。也就是说，在法国大革命时代，是阶级对抗的不可调和性，窒息了萌生于启蒙时代的那种博爱热情。

但法国启蒙运动中"博爱"理念的发生，也绝非毫无意义的

---

① ［法］皮埃尔·勒鲁：《论平等》，王允道译，肖厚德校，商务印书馆，1996 年版第 11 页。

② 也许是罗伯斯庇尔是这个三位一体的口号的始作俑者——1790 年 10 月 5 日，他在制宪议会里就组建国民自卫军问题发表演说，建议国民自卫军战士胸前应佩戴写有"自由平等博爱"和"法兰西人民"字样的徽记，并建议在引领其队伍前进的三色国旗上也写上同样的字样，只是这一建议并没有为议会所采纳。（参见陈崇武：《论"自由、平等、博爱"》，载法国史研究会编《法国史论文集》，三联书店，1984 年版第 179 页。）

③ Mona Ozouf, "Fraternité", in François Furet et Mona Ozouf, éd., *Dictionnaire critique de la Révolution française*, Flammarion, Paris, 1988, p.732.

《攻占巴士底狱》，罗拜尔，1789 年

空穴来风。在洋溢着自由平等热望的法国启蒙时代，"博爱"问题的提出意义极为重大。为什么？就因为自由平等虽均属"天赋人权"，它们同时也是一对尖锐的矛盾；现代民主必须将两者协调起来或有机地结合起来，但这实在是一件极其困难的事，为此人们也许不得不求助于某种权利之外的东西，即希望人们在运用自己的权利的同时，也要清楚地意识到自己应负担的某种道德义务，从而能够在追求个人或集团利益的过程中，做到为整个社会乃至全人类的共同利益而不时地"适可而止"——大概正是因为出于这种考虑，博爱的理念才在启蒙时代应运而生。事实上，能否真正确立博爱的价值，也的确是整个现代社会能否健康发展的关键所在。大革命时代的一些有识之士似乎也看到了这一点。如罗伯斯庇尔在 1790 年 10 月首倡"自由平等博爱"的口号。后来还有吉伦特派的罗兰在法兰西第一共和诞生之日（1792 年 9 月 21 日）关于

罗伯斯庇尔

"在宣布共和之际同时宣布博爱,因为两者是一回事"[①]的提议,虽属孤鸿哀鸣,却也意味深长:设无博爱,共和(这其实也正是"现代民主"的本义)何以立?

那么,法国启蒙哲人的这种博爱观和中国文化又有何干系?在法国文学史之父居斯塔夫·朗松看来,此干系甚大。他认为中国儒学之所以在 18 世纪的法国广受欢迎,主要就是因其道德观迎合了当时法国人的精神需要——那是一种既非宗教教条强加于人,又非由超验原则演绎而成的道德观,它与客观实际、现实生活相连,能让一般人较容易做到;此外,中国的政治体制又是和儒家道德原则结为一体的,这种政治与道德的统一,也为不满于现实的法国人提供了一种榜样。[②]换言之,朗松把中国文化的主要优点归结为两点:一是有一种世俗的、人世的道德信条;二是政治与伦理的有机结合,即善于所谓"以德治国"。

中国伦理的世俗性曾为伏尔泰所激赏。他认为中国的伦理学和西方古典古代的伦理学是相通的——像"爱比克泰德的伦理学一样纯粹、一样严格,同时也一样合乎人情"。[③]爱比克泰德,古罗马的一位斯多噶派哲学家。伏尔泰还看到,孔子和西方古代贤哲一样有"己所不欲,勿施于人"或"己欲立而立人,己欲达而达人"的信条,并"提倡不念旧恶、不忘善行、友爱、谦恭""他

[①] [法]阿尔贝·索布尔:《法国大革命史》,马胜利、高毅、王庭荣译,张芝联校,中国社会科学出版社,1989 年版第 205 页。
[②] 参见孟华:《1740 年前的法国对儒家思想的接受》,载《学人》第 4 辑第 321 页。
[③] 参见[法]伏尔泰:《风俗沦》上卷,梁守锵译,商务印书馆,1995 年版第 219 页。

的弟子们彼此亲如手足"。① 这样，伏尔泰就已从孔子的学说中读出了"博爱"的意味。而几乎所有崇奉中国的启蒙哲人，如狄德罗、魁奈、霍尔巴赫等，都既赞同以儒家理性道德观取代基督教神性道德观，又主张向中国学习，实行政治与道德的结合。按艾田蒲的说法，中国文化在法国启蒙时代最受推崇的部分，就是它的政治和伦理，而启蒙哲人的全部理论工作，也都是围绕着关于中国政治与伦理的宣传来展开的："为了更好地抨击西方的道德与政治，'哲学'的 18 世纪竭力颂扬中国的道德与政治。"②

如此说来，法国启蒙时代众多洋溢着博爱关怀的言论，也就与中国儒家"仁者爱人"的伦理思想多少有了些渊源，至少是受到了后者的浸染或滋养。

当然，这些仰慕中国的法国启蒙哲人所了解的中国文化可能并非真正的中国文化，至少不是中国文化的全部。事实上中国文化在他们那里，很大程度上是被理想化了的。此外，也并不是所有仰慕中国的法国启蒙哲人都像伏尔泰和魁奈那样"迷信"中国，如狄德罗就因相信中国人是"偶像崇拜者"，而在热情歌颂中国文化的某些方面的同时，拒绝"崇拜"中国人。③ 另一方面，法国启蒙哲人中也有一些常常对中国文化持批评态度的人士，如

---

① 参见［法］伏尔泰：《风俗沦》上卷，梁守锵译，商务印书馆，1995 年版第 219 页。爱比克泰德：古罗马的一位斯多噶派哲学家。
② ［法］艾田蒲：《中国之欧洲》下册，许钧、钱林森译，河南人民出版社，1994 年版第 293～294 页。
③ 参见［法］阿尔贝·索布尔：《法国大革命史》，马胜利、高强、王庭荣译，张芝联校，中国社会科学出版社，1989 年版第 344～345 页。

孟德斯鸠、卢梭、格林、沃尔内、孔多塞等，尤以孟德斯鸠和卢梭的批评最为尖刻：前者谴责中国政治制度是"棍棒独裁"，后者则嘲讽中国人"除了会作揖和下跪，再没有别的人性"。①然而，如果就此认为西传的中国文化对于法国启蒙运动毫无积极意义，却也显然有失公允。实际上，即使伏尔泰、魁奈等对儒学的理解是一种"误读"，这种误读也的确产生了某种"郢书燕说"式的积极效果。何况——这真是一种"误读"吗？好像

孔多塞

----

① 参见《法国大革命史》，第341～347页。关于孟德斯鸠和卢梭对中国文化的批判，可参阅《论法的精神》（商务印书馆，1982年版）和《论科学和艺术》（商务印书馆，1997年版）等书的有关章节。孟、卢的这些言论还曾遭到伏尔泰的愤怒批驳，而德国学者利奇温也认为孟、卢的意见是不公正的，反映出他们对东方精神缺乏深入的了解（参见［德］利奇温：《十八世纪中国与欧洲文化的接触》，商务印书馆，1962年版第85页）。但在我们看来，孟、卢对中国的批评其实还是相当客观和准确的，尽管这些批评的确在很大程度上只是出于某种直觉。

还很难说呢。关于这个问题，我国学者包遵信曾做过这样一段颇为入情入理的解析：

> 每种文化都是有机的整体系统……一个观点、一种理论在另一文化系统中的作用，同它在母体文化中的作用是不一样的，甚而连原意也会变形。十八世纪那些在启蒙思潮中起过作用的中国哲学思想，已是脱离了本土，并从中国文化有机整体中游离了出来。"天道自然"不再是因任自然的消极人生观，"理"或"天理"也和中国人念念不忘的纲常伦理脱了节。"八卦图"如果不与占卜、打卦的神秘系统绝缘，恐怕也不会启发莱布尼茨数学上的灵感，使他发现二进位制……
>
> 当然，这样说并不否认中国文化自身内容的价值，更不是说西方人对它的真谛一点也不了解……但他们总要将儒家思想的社会功能给理想化，而这种理想化实际又是根据他们的语言和心理，根据他们文化的思维方式来进行的。一定意义上也可以说，他们是把中国文化某些内容给西化或欧化了。这种"西化"或"欧化"，不能简单地当作对中国文化的曲解，而是他们站在西方文化的价值系统中，对中国文化的一种蒸馏。这样的蒸馏是两种文化交融汇合必不可少的过程，只有经过这样的过程，异质文化才能进入自己文化系统发挥作用。[1]

---

① 包遵信：《十八世纪欧洲的"中国热"》，载《读书》1986 年第 5 期。

照此看来，法国启蒙哲人对儒学的解读，很可能就是对中国文化中的某些优秀元素的一种"蒸馏"。也正是通过这种"蒸馏"，儒学中一些本来比较含糊、隐晦，而且在实践中又长期被扭曲、遮蔽了的普世价值得到了凸显或萃取，并作为东方文化的一些积极的要素，堂而皇之地参与了西欧人锻造现代文明、推动社会进步的伟大实践。

第三章

19 世纪中期至 20 世纪中期中法文化的大规模互动

当法国盛行"中国热"的时候，中国却在逐渐对法国——实际上也对整个西方世界——关上了自己的国门。1784年乾隆正式下令停止招徕传教士进京效力，由此彻底断绝了延续近200年的以传教士为媒介的中西文化交流活动。这里有维护国家主权的考虑，但也反映了清政府世界眼光的促狭和对历史大势的懵懂无知。

而法国的"中国热"，也在18世纪后期逐渐冷却下来了。大革命的临近，使法国人的文化兴趣开始远离东方专制主义的中国，而转向崇尚民主共和的古希腊罗马，由此兴起一种带革命意味的新古典主义潮流。接下来便是数十年的革命、战争、复辟和再革命的剧烈动荡，这期间的中法文化关系当然也就只能日渐疏远了。

然而法国社会也在这长期的动荡中经历着脱胎换骨的改造，在由传统的农业文明稳步地走向现代工业文明。工业文明是先进的，但它的发生总伴有一些很邪恶的东西，其中之一便是殖民主义。早期的工业社会似乎不能没有殖民地的支持。这方面英国是

先驱（海洋扩张），美、俄以自己的方式积极跟进（大陆扩张），
而法国也不能免俗，于七月王朝时期（1830—1848）开始大规模
发展海外殖民事业。

反映法国七月革命的油画作品

　　中法之间文化交往的重续，也就是在这一时代背景下发生的，而这时法国对中国的态度和看法，以及两国之间关系的性质，都已经发生了重大变化。

法国殖民主义者大力加强对华文化渗透

　　法国对中国的殖民活动的启动，是在英国通过第一次鸦片战争（1840—1842）撬开了中国国门之后，整个行动是一种卑劣的趁火打劫。1844 年法国通过《中法黄埔条约》不仅轻松地取得了英国和也是来趁火打劫的美国已经得到的各种重大权利，如五口通商、协定关税、领事裁判权以及片面最惠国待遇等，而且还攫

1840 年描绘虎门销烟的中国画

取了一些新的特权，主要是五通商口岸的房地产任意租赁权、教堂和墓地的修建权等，最后还在条约之外，胁迫清政府解除了对天主教的禁教令，由此为法国后来在中国建立和扩大享有治外法权的租界，并利用传教从事侵略活动，打开了方便之门。

十多年后，英法为进一步拓开中国市场，又发动第二次鸦片战争（1856—1860），并在其间犯下了火烧圆明园等许多滔天罪行。战后法国通过《中法北京条约》，除了榨取了大笔赔款和其他大量殖民利益之外，还获得了在中国内地传教的权利。到 1885 年法国又通过一次对华战争，迫使中国放弃了对越南的宗藩关系，建立起法国的印度支那殖民地，并从此把作为这块殖民地自然延伸的中国西南地区划为自己的势力范围。

在这个中国深陷殖民地化危险的时代，租界成为西方列强在中国推行殖民活动的桥头堡，法国的租界当然也不例外。不过法国作为西方传统的"文化领袖"，历来具有极端重视文化品位的特点，因而它在中国各口岸城市设立的租界也具有显著的"文化示范"的特色，其中尤以上海法租界最为引人注目。那是法国外交官查尔斯·德·蒙提尼（Charles de Montigny）的"业绩"。1848 年他携全家到上海创建法国领事馆，选址时发现好地角已被早在 1843 年捷足先登的英国人占去，只剩下英租界、黄浦江和老城区之间一条狭长地带可供使用，而且当时那里的卫生条件极差。法租界就在这个地方，在蒙提尼的苦心经营下，慢慢发展了起来。1863 年英美租界合并为公共租界，而法租界则选择了自治，建立起一套殖民地式的行政管理机构，数十年间竟复制出一个典型的法国城市：有市政厅、教堂、花园别墅、两边种有法国梧桐的宽阔街道，等等。这就同毗邻的公共租界形成了强烈的反差：那边是一个繁华喧嚣的商业中心，这里却到处是一片静谧淡雅的文化气氛，当然经济活力也弱得多。而法国人似乎也不大想靠租界来做生意赚钱，他们只关心如何将他们的租界建成一个文明与进步之窗：上海的法租界率先建立起城市的基本生活设施，拥有最现代的生活条件如自来水、公共照明、有轨电车等，并建立学校和医院，组织戏剧表演和节庆活动，聘请艺术与建筑名家美化市容——也就是在这个过程中，上海外滩一带一步步演变成美轮美奂的"东方巴黎"。①

19 世纪摄影师赖阿芳拍下的 1860 年至 1880 年间的上海外滩

---

① Cf. Muriel Détrie，*France-Chine*，*Quand deux mondes se rencontrent*. Paris，Gallimard，2004，p.38.

陈独秀

西方列强在华租界自然有殖民侵略、民族压迫的一面，但由于它们同时也是新生现代文明的一块块"飞地"，而且里面居民的绝大多数其实还是华人，因而它们对中国社会的影响也就不可能完全是消极的，尽管这时从西方传来的现代文明还远非完善。上海的法租界对中国社会进步的推动意义实际上就很醒目。比如在清朝末年，这个租界里曾流传过一部日本人写的暴露慈禧私生活的小说，"老佛爷"的神圣形象被糟蹋得不堪入目，可是碍于租界的"治外法权"，满朝文武都束手无策干着急，结果使国人们大开眼界，清廷的权威性则受到了严重伤害——辛亥革命时期的一个做革命宣传的连本大戏也正是以此为题材写成的。① 人们还熟知，上海法租界的环龙路老渔阳里2号曾是陈独秀的住宅，同时也是《新青年》杂志的编辑部；而中国共产党的第一次全国代表

---

① 参见袁国兴：《反观当年之租界》，载《粤海风》（网络版）2003年第6期。网址：http://www.yuehaifeng.com.cn/YHF2003/yhf2003-6-21.htm

大会，其前半段也是在这个租界的贝勒路树德里 3 号（今兴业路 76 号）秘密举行的。

　　传教是法国人在华殖民活动的另一个重头戏。清政府解除禁教令后，法国传教士立即蜂拥而来，足迹遍及中国城乡。到 1885 年左右中国已有约 600 名天主教传教士在活动，而其中大多数都是法国人，皈依天主教的中国人几达 50 万。传教士们到处买地修建礼拜场所，办培训班培训当地的教士，同时也做了诸如建立济贫院收养弃儿、办学校教育中国男女儿童之类的善事（当然目的也是扩大基督教在华的影响）。[①] 应该说，除了那种打着传教旗号搞殖民间谍的行径之外，这种传教活动也构成了这个时期中法文化交往的一个重要方面，并且客观上有传播现代文明的正面意义。但由于某些不良因素的干扰，法国人在华的传教活动往往后效很不理想。首先是法国传教士中鱼龙混杂，素质差异相当大。做得最好的是耶稣会士，[②] 他们仍遵循着自己的传统，不遗余力地在华推进科学与教育事业，争取中国人的信任和爱戴，以夯实其传教的社会基础。他们在 17 世纪时就曾在上海徐家汇建立过一个基督教团体，这次在这个基础上，他们又百尺竿头更进一步，把那里经营成了一座模范的基督教小区，人称"远东梵蒂冈"。但其他教派的部分传教士则表现得很糟糕：或是态度蛮横不容异见，把中国当作占领国，对中国民众颐指气使为所欲为；或是为使徒狂

① Cf. Murjel Détrie, *France-Chine*, *Quand deux mondes se rencontrent*, Paris, Gallimard, 2004, p.44.
② 耶稣会于 1814 年得到恢复。

热所驱使，到处冒险滋事，甚至刻意寻求以身殉道以争取封圣。
这就常常引起激烈的民族冲突，造成许多悲剧。此外，法国政府
的相关政策也极不明智。这里我们看到了一个奇怪的现象：19 世
纪 70 年代成立的法兰西第三共和政府在国内是以反教权主义著称
的（那也是在法国实现政治民主化的前提之一），可同时它却公
然在中国以天主教徒的保护人自居，并动辄以武力手段来解决问
题，并在此过程中不断扩大对华的殖民侵略和掠夺（其中最令人
发指的是在 1900 年参与八国联军侵华战争并洗劫紫禁城和颐和

洗劫紫禁城的八国联军资料图，存于美国学院公园国家档案馆

园）。这一情况，连同西方列强的整个殖民主义政策，深刻地说明了当时新生现代文明的不成熟性：民主的理念，在这个时候还远远没有扩展到国际关系，尤其是东西方民族关系方面。当然，法国政府的"炮舰政策"只能加深中国人民的敌意从而削弱法国传教活动的效能，并对整个中法文化交往产生不利的影响。

法国革命文化
对中国旧民主主义革命的影响

西方人的船坚炮利让中国人吃够了苦头，但也从此击破了中华帝国夜郎自大的传统心态，中国人不得不开始"睁眼看世界"了。中国人对法国文化的真正的关注和研究，也是从这个时候才开始的，魏源、王韬、张德彝等是这个学术领域最令人敬仰的先驱人物，他们的著述使中国人获得了关于法国的一些最初的印象。[①]

王韬

在洋务运动期间出使过法国的中国驻英

---

① 关于他们的学术贡献，参见张芝联：《从高卢到戴高乐》，三联书店，1988 年版第 49 ～ 51 页。

郭嵩焘

拉斐尔《雅典学院》细节。柏拉图手指向天，而亚里士多德则手指向地

法公使郭嵩焘（1875 年赴伦敦，1878 年—1879 年转驻巴黎），是中国第一个驻外使节，可能也是中国最早突破"中体西用"思维的一位启蒙思想家。他在英法工作期间，"周咨详访，博览群书，见识与学问都突飞猛进"。他敢于把"巴夫子"（柏拉图）、"亚夫子"（亚里士多德）等西哲与"孔夫子""孟夫子"等东哲相提并论，而且还特别推崇西方近代哲学与科学。他说："英人谓天文窍奥由纽登（牛顿）开之，此英国实学（科学）之源也。相距二百三四十年间，欧洲各国日趋富强，推求本源，皆学问考核之功也。"而最为可贵的是，他实际上摆脱了中国传统的君权至上思想的束缚，不仅敢于考究西方民主政体，而且敢于肯定其优长之处。他指出，西洋的国政一概公之于民，而中国自秦汉以来两千余年的国政，却正好与此相反。通过认真研究英国议会政治发展史，他认识到："推原其立国之本末，所以持久而国势益张者，则在巴力门（Parliament，议政院）有绍持国是之议，设买阿尔（Mayor，市长）治民有

顺从民愿之情。二者相持，是以君与民交相维系。迭盛迭衰，而立同千余年终以不败。人才学问相继以起，而皆有以自效。此其立国之本也。"①

郭氏显然已基本领悟了现代文明的真谛。而尤其难能可贵的是，他敢于秉笔直书！他到英国不久，就把他的所见所闻写成《西使纪程》一书刊布于世。他因此绝难见容于中国强大的保守势力。顽固派们骂他为汉奸，视他如妖魔，皇帝也对他的书"诏令毁版"。②1891年郭郁郁病逝，虽有官员请旨按惯例赐谥、立传，但朝廷却颁旨云："郭嵩焘出使西洋，所著书籍，颇滋物议，所请着不准行。"甚至直到他死后9年，义和团运动勃兴之际，还有京官上奏请开棺鞭戮郭尸以谢天下。③

清朝统治者的愚顽不化，最终导致洋务运动破产和亡国危险的日益深重，也使人们日益强烈地感到了改革和革命的必要。于是，法国特有的那一套围绕着大革命形成和发展起来的政治文化传统，开始在中国迅速升温走红。

中国知识界对法国大革命的关注在戊戌变法（1898）之前就开始了。当时最值得注意的是三个著名人物——王韬、康有为和谭嗣同——对法国大革命的议论。前两人的态度其实大同小异：

① 参见《梦醒者的痛苦》，作者、出处不详，来源：www.xhsm.com/book/book/2005/1/4761/166371.htm
② 谌震：《郭嵩焘出使西洋》，来源：http：//www.lishou.com/2002/gstcsxy.htm
③ 参见《梦醒者的痛苦》，作者、出处不详，来源：www.xhsm.com/book/book/2005/1/476l/166371.htm

王韬仅肯定君主立宪派，对吉伦特派和雅各宾派则大加贬斥；①康有为则认为法国大革命是一场史无前例的惨祸，虽然它开启的是一股不可抗拒的、世界性的立宪民主潮流，但最好还是采取英国式的改良来顺应之以避免卷入法国式的革命旋涡。②应当说，王、康二人实际上都没有全盘否定来自法国的那套革命文化，因为他们只是抛弃大革命的激进方式，而认可或选择了这场革命所倡扬的立宪民主精神。谭嗣同的态度则和王、康迥异——他衷心赞赏法国大革命的暴烈与激进："法人之改民主也，其言曰：'誓杀尽天下君主，使流血满地球，以泄万民之恨。'……夫法人之学问，冠绝地球，故能唱民主之义，未为奇也。"非但如此，他还认定唯有这样的革命才能救中国。在给老师的一封信中，谭嗣同断言：

① 在其于 1990 年修订出版的《法国志略》中，王韬奉米拉波为"名贤"，说他"迨列议会，辩驳诸弊，以厘正为己任，后以众论过于激烈欲矫其弊，稍敛锋芒"；对吉伦特派，他则评之为"少壮不经人事，竟倡共和说"；对雅各宾派诸领袖，他似乎更少好感，如斥马拉"专快报复"，丹东"残暴阴谋作乱"，罗伯斯庇尔"跋扈"。（参见沈坚：《中国近代思想家眼中的法国大革命形象》，见刘宗绪主编《法国大革命二百周年纪念论文集》，三联书店，1990 年版第87 页。）

② 康有为在《进呈法兰西革命记序》中描述说："臣读各国史，至法国革命之际，君民争祸之剧，未尝不掩卷而流涕也。流血遍国中，巴黎百日而伏尸百二十九万……凄恻千古，痛感全球。自是万国惊心，君民交战，革命之祸，遍及全欧，波及大地矣。……普大地杀戮变乱之惨，未有近世革命之祸酷者矣，盖自法肇始之也。""臣窃观近世万国行立宪之政，盖皆由法国革命而来，迹其乱祸，虽无道已甚，而时事所趋，民风所动，大波翻澜，回易大地，深可畏也。盖大地万千年之政变，未有臣宏若兹者。"有鉴于此，康有为向光绪告诫道："且夫寡不敌众，私不敌公，人理之公则也，安有以一人而能敌亿兆国民者哉！则莫若立行朝断，不待民之请求迫胁，而与民公之，如英之威廉第三后诸主然。明定宪法，君民各得其分，则路易十六必有泰山磐石之安，聃彭之寿，尧舜之誉，生死哀荣，国家长久，天下后世，师之慕之。"（见《康有为政论集》上册，中华书局，1981 年版第 308 ~ 310 页。）

"今日中国能闹到新旧两党流血遍地，方有复兴之望。不然，则真亡种矣。"[1] 在当时中国万马齐喑的知识界，谭嗣同的声音无疑是孤独的、微弱的，然而这个声音却深得法国革命文化之精髓，而且注定将有一番了不起的成就。

康有为

谭嗣同

随着戊戌变法失败、八国联军入侵、《辛丑条约》签订等事件的发生，进步知识界日益清楚地看到：清廷的腐朽已不可救药，当下非举革命以推翻之不能救中国。于是人们开始大造革命舆论，而作为"革命之母"的法国革命也自然开始备受青睐。

---

① 转引自章开沅文，见刘宗绪主编：《法国大革命二百周年纪念论文集》，三联书店，1990 年版第 67 页。

中国的 20 世纪，就是从对法国革命思想文化的大力张扬开始的。1901 年，《国民报》第一、二期即连续发表文章宣传法国大革命，并公开鼓吹在中国推行法国式的革命，而其他进步报刊立即纷纷效法，中国舆论界刮起强劲的"法国风"。此风在湖南省刮得尤其凶猛，如 1903 年出版的《新湖南杂志》登出了这样歌颂法国的文字："法兰西者，民约论之出生地也，自由权之演武场也，其行也，以暴动而已矣。""馘独夫民贼之首，以徇于巴黎市，举国之人莫不为之拊髀雀跃，而呼自由万岁也。三逐其君，十四更其宪法，糜肉流血，如沸如羹，有地狱之悲焉，然卒为强国。不如是则法兰西仍为奴隶国，不足以成今日之法兰西也。"[①] 这种宣传的结果，是湖南省的率先"革命化"——早在 1906 年 12 月，湖南醴陵一带就发生了一次颇具规模的反清民众起义，尽管没有成功，然而虽败犹荣，被普遍比附为"攻打巴士底狱"的壮举，湖南省也因此得到了一个"小法兰西"的雅号。盛誉之下的湖南革命志士们更是斗志昂扬，矢志要将革命烽火燃遍全国，要让整个中国都成为"法兰西"——一个"亚洲的法兰西"，有人还满心期盼地吟出了这样的诗句："得听雄鸡三唱晓，我侬身在法兰西。"[②]

应当指出，当时中国革命派如此推崇革命的法国，与卢梭政治哲学在中国的传扬有重大关系。据法国汉学家玛丽安·巴斯蒂

---

① 转引自金重远：《民报和康有为有关法国革命的争论》，见刘宗绪主编《法国大革命二百周年纪念论文集》，三联书店，1990 年版第 37 页。
② 同上，第 71 页。这里值得注意的是，后来中国共产党的主要领导人毛泽东和刘少奇，都是在这个"小法兰西"成长起来的。

的研究，向中国公众介绍卢梭政治学说的第一人
是梁启超：1901 年 11 月 21 日至 12 月 21 日，
他在《清议报》（一份以康有为为首的戊戌变法
后的中国政治流亡者在日本横滨编印的杂志）上
发表了第一篇关于卢梭的论文，然后又于 1902
年在《新民丛报》的第十一、十二期上以《民约
论巨子卢梭之学说》为题刊载了同一篇文章。尽
管在此之前《新民丛报》已介绍过培根、笛卡儿、
达尔文、孟德斯鸠以及希腊思想、政治经济学、
进化论和科学等，在此之后又介绍过亚里士多
德、康德、圣西门、布伦支里、约翰·斯图亚特·弥
尔等，但有关研究显示，所有这些学说都远不如
卢梭学说的影响大：不仅阅读和讨论卢梭的人数
量最多，而且在当时报刊上写时政文章的作者们
还多采用"卢骚之徒""卢梭魂""亚卢"（意
为亚洲卢梭）"平等阁主人""竞平""人权""民
友"之类笔名，足见卢梭学说之深得人心。[①]意

康德

---

① "从 1903 年起，朱执信、胡汉民、汪精卫这三个未
来的著名革命家，在广州组成'群智社'，目的在购置
和研讨外国名著的译本；其中卢梭著作阅读人次名列前
茅"，并有各种各样的卢梭《民约论》译本大量刊行、
广为流传。——参见［法］玛丽安·巴斯蒂：《辛亥革
命前卢梭对中国政治思想的影响》，载刘宗绪主编《法
国大革命二百周年纪念论文集》，三联书店，1990 年版
第 58 ～ 61 页。

邹容

陈天华

味深长的是，这种偏爱卢梭的舆情和大革命前夕的法国非常相似。①

在中国的早期卢梭信徒中，邹容和陈天华当是最负盛名的两位。前者以《革命军》（1903）一书而名扬天下，他始终奉卢梭为法国启蒙哲人最杰出的代表，大呼"吾请执卢梭请大哲之宝旌，以招展于我神州上"。②陈天华则在《猛回头》《狮子吼》等书中极力推崇卢梭的《民约论》，如《狮子吼》："当初法国暴君专制、贵族弄权，那情形和我现在中国差不远。……（卢梭）作了这一本《民约论》，不及数十年，法国遂连革了几次命，终成了一个民主国，都是受这《民约论》的赐哩。"③

中国革命先行者孙中山不仅是卢梭的忠实崇仰者，同时也是将卢梭式革命在中国付

① 卢梭因其独特的反文明的观点，在法国启蒙运动中一直处于边缘的地位，但在他去世（1778）后的十多年里，随着大革命的临近，他的声望却迅速上升，并最终压倒了启蒙运动主流派而成为法国革命者的精神导师。
② 参见张楠、王忍之编：《辛亥革命前十年间时论选集》第1卷下册，三联书店，1960年版第652～653页。
③ 转引自章开沅文，见刘宗绪主编：《法国大革命二百周年纪念论文集》，三联书店，1990年版第71页。

诸实施的第一人。同盟会从成立之日起便高举"自由、平等、博爱"的旗帜，宣布它要进行的革命不只是旨在"驱除鞑虏、恢复中华"，同时还要本着自由、平等、博爱的精神来为人民变革"国体民生"。1905年，同盟会的喉舌《民报》在创刊号上即采用卢梭画像作为封面内页的插图，并誉之为"世界之第一民权主义大家"。事实上中国第一代革命家无一不曾深受法国启蒙思想家的影响，而且主要都是卢梭的信徒。诚如巴斯蒂所言，"卢梭的政治思想尽管姗姗来迟，但它似乎在青年一代爱国知识分子中拥有广泛的读者和赞赏者"，《民约论》实际上成了他们干革命的"福音书"。[1] 这一情况无疑至为重要，它说明中国革命是深得法国大革命的真传的，因为卢梭的《民约论》当初就是法国革命者的"圣经"。整个20世纪的中国革命，无论其实际进程呈现着多么独特的外观，其精神特质却总也和法国大革命相去不远，根源大概就在这里。

革命时期的孙中山，摄于1900年8月

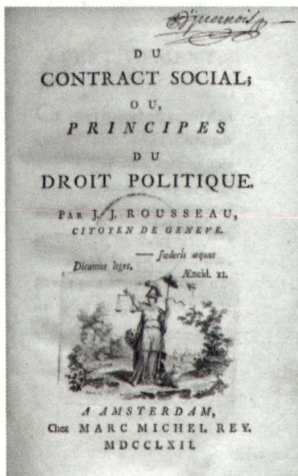

1762年版的《民约论》

---

[1] 参见［法］玛丽安·巴斯蒂：《辛亥革命前卢梭对中国政治思想的影响》，载刘宗绪主编《法国大革命二百周年纪念论文集》，三联书店，1990年版第55页。

法国革命文化
对中国新民主主义革命和社会主义革命的影响

事实上，不仅辛亥革命以及作为其继续的国民革命都打着法国大革命的旗帜，即使是由中国共产党领导的更为激进的新民主主义革命，以及后来的社会主义革命，同样也和法国的革命文化有着千丝万缕的关联。前些年曾有人争鸣说：以往人们总习惯地认为，作为新民主主义革命源头的"五四运动"是受了俄国"十月革命"的影响，而实际上当时中国人对刚刚发生的十月革命的了解十分有限，大家熟悉并广泛推崇的只是法国大革命，所以中国共产党在酝酿革命时的主要参照样板，很可能还是后者。① 而在笔者看来，即使"十月革命"对整个中国共产党的革命产生过至深的影响，那也丝毫改变不了中国共产党革命和法国革命文化的历史关联，这不光是因为列宁的革命本身也曾深受法国革命文化的浸染，同时还因为马克思主义意识形态事实上也和法国革命文化有着极其密切的渊源。② 这也就是说，共产党的革命和法国大革命也许任务、目标有别，但抽象意义上的基本原则并无任何差异。

当然，要证明"五四运动"及中国共产党革命和法国革命文化之间的直接关联，也并不很困难。人们熟知，"五四运动"是以新文化运动为先导和时代背景的，而新文化运动的发端有一个很

---

① 参见〔美〕孙隆基：《两个革命的对话：1789 和 1911》上册，载香港中文大学中国文化研究所编《二十一世纪》双月刊，1994 年 4 月号（总第 22 期）第 25～26 页。

② 参见张芝联：《从高卢到戴高乐》，三联书店，1988 年版第 80～102 页。

具体的日期——1915 年 9 月 15 日，那一天陈独秀在上海出版了《青年杂志》（1916 年 9 月更名为《新青年》）的创刊号。在该杂志封面的顶端，醒目地印有大写的法文刊名"LA JEUNESSE"。在发刊词《敬告青年》中，陈独秀坦陈在中国深入进行思想启蒙的必要，并自觉不自觉地循着法国启蒙运动的思路，首次提出了"科学"与"民主"（人权）的口号：

近代欧洲之所以优越他族者，科学之兴，其功不在人权说下，若舟车之有两轮焉。……国人欲脱蒙昧时代，羞为浅化之民也，则急起直追，当以科学与人权并重。①

《青年杂志》第 1 卷第 1 号　　《新青年》第 2 卷第 1 号封面

同时，陈独秀还为该创刊号写了一篇题为《法兰西人与近世文明》的宏论，文章虽短，思想内容却十分丰富。就其与本文宗旨相关者而言，主要有两点值得注意。首先，该文将"近世文

---

① 以下所引陈独秀的文字，皆出自《青年杂志》第 1 卷第 1 号（创刊号），上海群益书社，民国四年（1915）九月十五日发行。原文无现代汉语习用的标点（只有句号），这里对此做了适当修订，下同。

明"（我们所说的现代文明）的基本内涵概括为人权说、进化论和社会主义三大要点，实际上道出的也还是"科学"与"民主"这两项诉求——前者由进化论体现，后者则以人权说和社会主义的统合为代表。在他看来，进化论打破了人类神造的迷信，激发了人的能动性和创造性，促使"人类争吁智灵，以人胜天，以学理构成原则，自造其祸福，自导其知行""而欧罗巴之物力人功，于焉大进"，这集中体现了"科学"推动人类社会物质进步的重要功能；而人权说和社会主义两者的统合，则是法国大革命基本原则的一种顺理成章的发展，也是"民主"的至高境界：

> 法兰西革命以前，欧洲之国家与社会，无不建设于君主与贵族特权之上，视人类之有独立、自由人格者，唯少数之君主与贵族而已；其余大多数之人民，皆附属于特权者之奴隶，无自由权利之可言也。自于七百八十九年，法兰西拉飞耶特（La Fayette，美国《独立宣言书》亦其所作）之《人权宣言》（La declaration *des droits de l'hommes*）刊布中外，欧罗巴之人心，若梦之觉，若醉之醒，晓然于人权之可贵，群起而抗其群主，仆其贵族，列国宪章，赖以成立。薛纽伯（Charles Seignobos，1854—1942，又译瑟诺博司，法国著名实证主义史学家——引者注）有言曰："古之法律，贵族的法律也。区别人类以不平等之阶级，使各人固守其分位。然近时之社会，民主的社会也。人人于法律之前，一切平等。不平等者虽非全然消灭，所存者关于

财产之私不平等而已，公平等固已成立矣。"

但这残存的"关于财产之私不平等"，随着资本主义工业化的发展，也会导致越来越严重的社会问题，所以也需要通过倡导社会主义来加以消灭：

> 近世文明之发生也，欧罗巴旧社会之制度破坏无余，所存者私有财产制耳。此制虽传之自古，自"竞争""人权"之说兴，机械、资本之用广，其害遂演而日深。政治之不平等，一变而为社会之不平等。君主、贵族之压制，一变而为资本家之压制，此近世文明之缺点，无容讳言者也，欲去此不平等与压制，继政治革命而谋社会革命者，社会主义是也。可谓之反对近世文明之欧罗巴最近文明。其说始于法兰西革命时，有巴布夫（Babeuf）者，主张废弃所有权，行财产共有制（La communauté des biens）。其说未为当世所重。19 世纪之初，此主义复盛兴于法兰西。圣西孟（Saint-simon）及傅里耶（Fourier），其最著称者也。彼等所主张者，以国家或社会为财产所有主，人各从其才能以事事，各称其劳力以获报酬，排斥违背人道之私有权，而建设一新社会也。其后数十年，德意志之拉萨尔（Lassalle）及马克思（Karl Marx），承法人之师说，发挥而光大之。

——由此可见，陈独秀所理解的社会主义或共产主义，不是别的，正是"平等"原则的彻底贯彻；而"平等"原则的这种彻底贯彻，既是"博爱"原则的题中应有之义，也是法国大革命本身有别于英美革命的一种特殊的价值取向。

就这样，通过对"平等"原则的着力强调，陈独秀在法国大革命和社会主义或共产主义运动之间，建立了一种钢铁般牢固的逻辑关联。

而未来中国共产党的革命，也将由此同法国大革命发生某种割不断的精神联结。

陈独秀此文引起我们注意的另一特点，是其通篇洋溢着对法国文化的一种无限崇慕之情。实际上该文的主旨就是要对法国文化的伟大做一个刻意的宣扬。我们看到，不仅人权说、社会主义这些明显属于法国制造的东西被毫不客气地记到了法国人的功劳簿上，而且进化论这种和英国人达尔文联系得更为紧密、事实上主要也是为达尔文所成就的东西，也偏要追本溯源到法国人拉马克这里，特别夸示一下他的理论的启发之功。同时很奇怪，在谈"科学"贡献的时候，陈氏竟只字不提牛顿！文章多处以这样的文字渲染、称颂法国文化的功绩：

> 可称曰近世文明者，乃欧罗巴人之所独有，即西洋文明也，亦谓之欧罗巴文明。移植亚美利加、风靡亚细亚者，皆此物也。欧罗巴之文明，欧罗巴各国人民皆有所贡献，而其先发主动者率为法兰西人。……此近世三大文明（即人权说、进化论、社会主义——引者注）皆法兰西人之赐。世界而无法兰西，今日之黑暗不识仍居何等！

甚至还以下面这些显然不甚恰当的言辞，为当时正在参与第一次世界大战的法帝国主义做辩护，同时贬抑德帝：

> 创造此文明之恩人，方与军国主义之德意志人相战，其胜负尚未可逆睹。夫德意志之科学，虽为吾人所尊崇，仍属近代文明之产物。表示其特别之文明有功人类者，吾人未之知也。所可知者，其反对法兰西人所爱之平等、自由、博爱而已。……特其多数人之心理，爱自由、爱平等之心，为爱强国、强种之心所排而去，不若法兰西人之嗜平等、博爱、自由，根于天性，成为风俗也。英、俄之攻德意志，其用心非吾所知；若法兰西人其执戈而为平等、博爱、自由战者，盖十人而八九也。即战而败，其创造文明之大恩，吾人亦不可因之忘却。昔法败于德，德之大哲尼采曰："吾德人勿胜而骄，彼法兰西人历世创造之天才，实视汝因袭之文明而战胜也。"吾人当三复斯言。

——还"吾人当三复斯言"！这里，我们清楚地感到了中法文化之间那种惊人的亲和性：就像当年那位法国的启蒙旗手曾深深地着迷于中国文化一样，如今这位中国的启蒙旗手也投桃报李，反过来踏踏实实地做了一回"法国迷"。

既然是五四新文化运动的"旗手"，陈独秀对法国革命文化的这种迷恋，在整个这场运动中就不可能是一种孤立的现象；而那些在五四时期出现的著名口号如"打倒孔家店""全盘西化"之类，以及鲁迅那种把全部中国历史斥为"吃人史"一概予以弃绝的提法，实际上就和法国启蒙运动以及法国大革命的激进精神如出一辙。此外，新文化运动时期的《新青年》和其他许多激进派刊物，也的确认真地翻译介绍了许多致力于推动社会进步的法国作家，其中有卢梭、伏尔泰、雨果、左拉、法朗士和罗曼·罗兰等，这不仅有力地推动了中国革命文学的发生和成长，而且让当时包括大批早期中共精英在内的整个中国知识界，熟悉了由这些作家的作品所传来的法国革命文化。①

雨果　　　　　　　　　　　　　罗曼·罗兰

---

①　如鲁迅就赞许过左拉、法朗士和罗曼·罗兰等法国作家"仗义执言"的习惯；而茅盾也曾在他的《小说月报》中号召中国作家们用巴尔扎克和左拉的手法描写社会各界的现实情况。茅盾自己就在他的小说《子夜》（1933）里描绘了上海工业界、证券界和工人阶级之间的冲突。曾留学法国的巴金也深受左拉的影响，他的三部曲之一《家》（1931），实际上就是以左拉的笔法在揭露中国传统父权制社会的罪恶。参见张芝联：《从高卢到戴高乐》，三联书店，1988 年版第 57 ～ 58 页，以及 Muriel Détrie, *France-Chine*, *Quand deux mondes se rencontrent*, Paris, Gallimard, 2004, pp.70~71, 62~64. 有关法国革命文学对中国革命派不同集团政治心态的影响，无疑是一个极有意义的研究课题，有助于了解法国革命文化对 20 世纪中国革命的实际影响。可惜目前似乎还没有多少相关的研究。

　　中国共产党的革命，还因民国初年兴起的"赴法勤工俭学"运动而与法国多了一层至深的渊源。赴法勤工俭学运动本是由同盟会人士（李石曾、吴稚辉、张静江等）在 1912 年发起的，他们在北京成立了留法俭学会，其宗旨是要"输世界文明于国内"、向"民气民智先进"的法国学习，以"造成新社会、新国民"。[①] 这显然还是在遵循法国革命的思维。时任北洋政府教育总长的蔡元培也曾极力赞助此事。[②] 俭学会在北京设立了留法预备学校（四川也有吴玉章等在办预备学校），1912 年—1913 年共派遣 100 名学生和 58 名工人赴法，后因

蔡元培

①　语出留法俭学会发起人之"公启"，载张允侯、殷叙彝、李峻晨编：《留法勤工俭学运动》（一），上海人民出版社，1980 年版第 11 页。

②　蔡元培本人就是 20 世纪初中国教育界的一个很突出的"法国文化迷"。1903 年法国天主教会在上海创办震旦大学这件事，就是他撺掇爱国天主教徒、法国通马相伯勉力促成的。他后来回忆说："震旦之设，动议于梁启超先生，其意在采取各国文化，而尤注意于法国文化。本人素来提倡法国文化，故于二十三年前会同南洋大学教员二人亲访马相伯先生，请立学校肄业，而震旦遂以产生。"为"发展中法两国之交通，尤重以法国科学与精神之教育，图中国道德智识经济之发展"，他还于 1916 年 3 月促成了巴黎华法教育会（该会在上海、广州设有分会）的成立，并和当时法国顶尖法国革命史专家、巴黎大学法国革命史讲座教授欧乐（Aulard）共同当选为会长。蔡在该会的发起会上说："此后之灌输法国学术于中国教育界而为开一新纪元者，实将有赖于斯会。"参见张芝联：《从高卢到戴高乐》，三联书店，1988 年版第 69～70 页。

受袁世凯的压制和欧战爆发而停止活动。"一战"期间有大批华工赴法服务，李石曾又协助李广安、张秀波、齐云卿等发起组织勤工俭学会（1915），提出"勤以工作，俭以求学，以进劳动者之智识"的口号，并于 1916 年 3 月在巴黎成立华工学校，蔡元培等还曾亲往授课。这个时期法国有声有色的华工教育活动，在"一战"后的中国再度引发赴法勤工俭学热潮，也正是这次赴法留学运动，在中共的萌生过程中注入了许多法国文化的因素。

　　首先，毛泽东、刘少奇等未来中国共产党的第一代重要领袖，就是为参与组织这场留学运动而走出了他们共同的家乡——十多年前曾有过"小法兰西"雅号的湖南省。1917 年秋，李石曾获准在河北保定育德中学等处建留法预备学校，面向全国招生。毛泽东得到消息，立即响应，发动他在湖南学界的同道——新民学会的会员们积极参与。1918 年 9 月入校的育德中学留法预备班第二期学生因湖南人最多，故被称作"湖南班"，其中李维汉、李富春、贺果、张昆弟、张增益等都是未来中国共产党的早期骨干分子。毛泽东虽然自己没有出洋留学的打算，但终因组织湖南赴法勤工俭学活动的需要而走出了湖南，走向了中国革命的舞台中心：1918 年 8 月 15 日，毛泽东等一行 24 人乘火车离开长沙奔赴北京，8 月 18 日抵达后即会同蔡和森以主要精力投入赴法勤工俭学的准备工作，毛泽东本人也在此期间得以供职北大图书馆，结识了李大钊等一批中国最早的马克思主义者。[①]刘少奇则因参加了第三期

① 参见金冲及主编：《毛泽东传》，http://www.cnread.net/cnreadl/jswx/y/yiming/mzdz/003.htm

保定留法预备班而走出了湖南，只是他在保定毕业
后没有赴法，而是转至上海外语补习学校学习，然
后又去了莫斯科东方劳动大学（1921）。其次，
留法勤工俭学实实在在地为中共培养了一批最早的
骨干力量，如蔡和森、赵世炎、周恩来、邓小平、
李立三、陈毅、聂荣臻等。1919 年—1920 年赴法
的中国工读生有 4000 名左右，大多出身贫寒，而
法国的工作机会、能接待这些穷学生的学校也都很
有限，所以很多人必须为取得生存权和求学权而苦
苦挣扎。而这也就在法国这个革命的故乡，直接为
那些后来的共产党的骨干提供了一个很好的培训机
会，并使他们从有组织的政治斗争中看到了改造中
国的希望。[1] 此外特别值得注意的是，这些留法的
中共早期骨干还用他们在法国和欧洲学到的革命理
论，有力地促进了中国国内正在萌生的共产主义运
动。如蔡和森在赴法后几个月的时间里，就"猛看
猛译"了百余种马列主义小册子，并在 1920 年 5
月至 9 月给毛泽东写过三封长信，主要谈的是在中
国建立共产党的主张和办法。而毛泽东也在同年 12
月写给留法新民学会会员的信中对蔡的主张表示了
"深切赞同"。蔡和森在回国后不久即加入了中国

蔡和森

---

[1]　Cf. Muriel Détrie, *France-Chine*, *Quand deux mondes se rencontrent*, Pails, Gallimard, 2004, pp.67~68.

共产党，并在中共二大上当选为中央委员。他还从 1922 年起担任党中央机关刊物《向导》的主编，成为中共早期最杰出的理论家和革命活动家之一。后期留法勤工俭学和旅法华工运动的主要组织者是周恩来。他于 1920 年 12 月抵法，1924 年 7 月回国，其间奔走于法、英、德、比等国之间，考察工人运动，了解世界形势，建立旅欧共产主义组织，成为中共早期最有威望的领袖人物之一。[1]

当然，留法勤工俭学运动的意义并不全是政治层面的，它也为中国培养了一批科技人才。而在政治层面上，它似乎也没有给中国早期的共产党人留下什么关于法国的好印象，毕竟在占领里昂大学的斗争失败后，法国当局曾蛮横地遣返了 104 名参加这场争取平等求学权斗争的中国工读生，其中就有蔡和森、李立三和陈毅。亲身的体验似乎使人们真切地感到了法国民主的"虚伪"，而这无疑也是 1923 年大批留法工读生开始转向苏联莫斯科东方大学学习的一个重要原因。只是我们仍不能据此认定革命主要是以俄为师，而并没有受到法国革命文化的什么影响。为什么？

就因为所谓法国革命文化，还不只是"自由平等博爱"或"民主""人权"之类常常被认为属于"资产阶级意识形态"的东西。它同时还是一个超越了阶级差异和意识形态色彩的群体无意识系统，其中包含着许多难以道明的社会心态因素，如盛行于法国革命时代的那种将人群划分成左右派并无休无止打"内战"的政治习惯、那种对本民族文化创造能力的无限自豪与自信（如国民议

---

[1] 参见金冲及主编：《毛泽东传》，http://www.cnread.net/cnreadl/jswx/y/yiming/mzdz/003.htm

会议员拉波·圣太田称：法兰西民族"天生就不是一个跟别人学的民族，而是一个让别人跟他们学的民族"①），以及由此而产生的那种极其深切的民族主义情怀，还有那种强烈的、开放式的平等主义倾向（平等原则可以合乎逻辑地从政治权利平等向社会平等乃至经济平等扩张），那种通过文化革命实现民族"再生"（国民道德状况的根本改良）的热切愿望和坚定信念，等等。

而所有这些东西，对于经历过新民主主义革命和社会主义革命的中国人来说，一点儿都不陌生。

这个时期的法国知识分子与中国文化

诚如鲁迅所见，在革命文化熏陶下成长起来的许多法国知识分子都有一种疾恶如仇的性格，每遇社会不公便挺身而出仗义执言。②他们是社会良知的守夜人，是现代文明应有的博爱精神的化身。

比如，像1860年英法联军洗劫和火烧圆明园那样的暴行，就不能不激起他们的强烈义愤。深

1933年5月1日，鲁迅在上海

---

① Réimpression de l'ancien Moniteur, t.1, Paris, 1836, p.378.
② 参见张芝联：《中法文化交流——历史的回顾》，见张芝联《从高卢到戴高乐》，三联书店，1988年版第58页。

知圆明园艺术价值之非凡的维克多·雨果最是痛心疾首，他那封著名的抗议信也早已为很多中国人耳熟能详了。

但法国知识界从来就不是铁板一块，那里在19世纪末期也曾流行过一种鄙视中华民族的种族主义态度。

法国侵略者从中国掠回的大量艺术品，曾在法国再次引起过一波"中国热"——那主要是对中国艺术的强烈兴趣。收藏中国艺术品的风气一时大盛，而且原先分散在各私人收藏所的东西渐渐地都辗转进入了公共博物馆。只是这时的"中国热"已和18世纪的情况不能同日而语：启蒙时代的法国人崇拜的是与他们同时代的中国，而现在很多人崇拜的只是过去的中国——中国的文化遗产了。尽管当时的中国腐败、专制、愚昧、虚弱，连自己的文化遗产都无力保护，得不到西方人的尊重是情理之中的事，但一些西方人因此而萌生对整个中华民族的文化偏见，却是不能让人接受的。在19世纪末法国的一些作家笔下，中国人就常常被说成是不诚实的、狡诈的和虚伪的，个个吸食鸦片，举止卑鄙猥琐，性格残忍放荡。如科幻小说家儒尔·凡尔纳《80天环球行》（1873），把中国人写成抽鸦片的蠢货，还说这就是典型

儒尔·凡尔纳

的中国民族形象。他的另一部作品《一个中国人在中国的遭遇》
（*Les Tribulation d'un Chinois en Chine*，1879），倒是把一个叫金
福（Kin-fo）的中国人写成了主角，但那只是因为他已同意去西洋
学堂读书因而已非纯粹的中国人了。跟凡尔纳学步的另一个著名
法国科幻作家保罗·迪瓦（Paul d'Ivoi，1856—1915），则在他的
作品《中国蝉》（*Cigale en Chine*，1901）中通过对一个名叫罗索－
芙洛丽（Roseau-fleuri）的清朝公主的刻画，渲染了法国文明对中
国的影响：这个公主带有某种"基督徒的慧根"，因而能在义和
团事变期间赢得一位法国军官的爱情。由此可见，这些法国作家
笔下关于中国人的那种强烈负面的"他者"形象，反衬的是一种
关于法国人自己的高度正面的"此者"形象。这当然是一种十分
荒谬而且危险的种族主义观念，然而在当时的法国，它却得到了
由戈比诺伯爵和古斯塔夫·勒邦阐发的一种关于"种族不平等"
的伪科学话语的支持，因而相当流行。①

　　在 19 世纪末 20 世纪初的法国，还流行着一种"黄祸神话"，
相当于一种"中国威胁论"。人们认为中华文明是保守的、蒙昧
的，西方文明是进步的、理性的，并强调两者之间矛盾的对抗性。

---

① Cf. Muriel Détrie, *France-Chine*, *Quand deux mondes se rencontrent*，Paris，
Gallimard，2004，pp.48~49. 笔者注：戈比诺（Joseph Arthur de Gobineau，1816—
1882），法国外交官、社会哲学家，著有《论人类种族的不平等》一书，充斥
于其中的反犹种族主义理论曾成为纳粹种族主义的哲学基础；古斯塔大·勒
邦（Gustave Le Bon，1841—1931），法国社会心理学家，他关于革命心理、
群众心理的著述曾被译成多种文字，产生过世界性的重大影响，但近年来常被
抨击为反动的种族主义者。另外也不应忘记，在 19 世纪中后期以后，法国仍
活跃着许多热爱中国文化并同情中国人民的进步文学家，如戈蒂耶（Gautier）
及其女儿朱迪特（Judith）、雨果（Hugo）、克罗代尔（Claudel）、瑟加兰（Segalen）、
圣－琼·佩斯（Saint-John Perse）、马尔罗（Malraux）等，详见张芝联：《从
高卢到戴高乐》，三联书店，1988 年版第 61 ~ 63 页。

当时法国出现了很多描写黄种人和白种人之间武装冲突的通俗小说，如十分有名的丹利上尉（Le capitaine Danrit）的《黄种人的入侵》（*L'Invasion Jaune*，1904），反映的就是这种中西矛盾不可调和的好战心态。但"黄祸神话"在法国的流行，某种意义上可能也反映了这样一个事实，即中国人民强大的反侵略自卫本能，已使一些法国人开始怀疑法国政府武力征服中国的殖民主义政策。[①]

实际上这个时候的法国知识分子中，也有相当一部分人已经对整个西方文明都失去了信心。像斯宾格勒一样，他们感到了"西方的没落"。为了寻找摆脱危机的出路，他们又把眼光投向了远东，投向了中国。结果，20 世纪初叶的世界文明史上便出现了这样一个有趣的现象：一方面许多中国青年奔赴西方尤其是法国以寻求救国真理，另一方面大批法国知识分子却在往东方尤其是中国来，希望能在这里发现一些有利于西方文明健康发展的东西。

斯宾格勒

---

① Cf. Muriel Détrie, *France-Chine*, *Quand deux mondes se rencontrent*, Pails, Gallimard, 2004, p.50. 笔者注："丹利上尉"，真名埃米尔·奥古斯特·西普利安·德里昂（Emile Auguste Cyprien Driant, 1855—1916），法国军人、政治家和冒险小说作家、好战的种族主义者。

　　这个时期来华的法国知识分子专业兴趣非常驳杂，很多人在中国的经历极富传奇色彩，其文化贡献也十分引人注目。这里择要略做介绍：

　　新闻记者隆德尔（Albert Londres，1884—1932），这位 20 世纪初叶法国"新闻界的君王""远程报道之父"，[①]曾使法国公众得以连续十年密切跟踪中国发生的历次重大事件——从 1922 年的军阀混战直到 1932 年的淞沪抗战。

1974 年的马尔罗

　　作家马尔罗（André Malreau，1901—1976，曾任戴高乐政府文化部部长），通过他的两部小说——《征服者》（1928）和《人的状况》（1933），分别以 1925 年省港大罢工和 1927 年上海国共斗争为背景，为法国读者刻画了许多中国革命者的英勇形象。

　　耶稣会士、古生物学家德日进神父（Teilhard de Chardin，1881—1995），在中国生活了 20 余年，曾参与对周口店"北京人"的发掘工作（1928），还参加过一次名为"黄色跨越"的雪铁龙汽车探险——"沿着马可·波

德日进

① 语出 Pierre Assouline. Albert Londres，Balland，1989。来源：www.scam.fr/AlbertLondres/altxt05.html。

罗的足迹"在北京和新疆阿克苏之间走了一个来回，并在日寇占领的华北坚持科学研究，终于在战后写出了《人的现象》一书，试图将进化论思想融入基督教神学。在法国前驻华大使毛磊（Pierre Morel）看来，德日进的著作展示了一种融合着宗教和科学的宇宙观，其意义非常重大，而这一成就是和他在中国的长期生活经历以及中国传统思想对他的影响分不开的。[1]

　　克洛岱尔、谢阁兰（又译瑟加兰）和圣 - 琼·佩斯这三位法国大诗人的"中国缘"，早已在中国知识界传为佳话。三人都深受他们有强烈东方兴趣的前辈诗人兰波（Arthur Rimbaud，1854—1891）的影响，希望到东方来为衰颓的西方文明寻求活力。他们都选择了中国，而且他们发现正饱受列强凌辱的中国其实是另一种意义上的"强国"——一个极富于文化蕴涵和充满文明伟力的世界。最后，他们都在中国文化启迪下写出了法国文学史上的传世之作。

克洛岱尔　　　　　　谢阁兰　　　　　　兰波

---

① 毛磊 1999 年 10 月在南京大学举行的"二十世纪法国作家与中国"国际学术研讨会上的发言，题为《在双方的对话中认识自己》。来源：http://culture.sinofrance. org/news/renshi.htm。

亨利·米肖（Henri Michaux，1899—1984）是更晚近的一位对中国文化真谛有天才感悟的法国诗人。尽管他来中国稍晚（20世纪20年代），而且只是个匆匆过客，但中国文化的优雅气质仍给他带来了巨大的心灵震颤，催生了他的代表作《蛮子游亚洲》。该作品"再次提及并深化了从维克多·雨果就开始的对欧洲文明的颠覆：文明在他处，真正的野蛮人是我们（欧洲人）"。[①] 米肖的这一认识是有其确定的体验基础的。他很早就敏感到西方文化中有一种令人窒息的东西，而东方文化如印度的佛教和神秘主义，如中国的老庄哲学、戏曲、书法、绘画及语言文字等，就完全没有这种精神枷锁。米肖在东方的游历实际上就是为了寻找一种与西方对峙的文化，以便在东西文化的冲撞中重塑自己，实现"新生"。他成功了，成为当代法国诗坛的"三剑客"之一〔与勒内·夏尔（René Char）和让·弗朗索瓦·蓬吉（Jean-François Ponge）并列〕。他的特点是善于将东西方文化融合在一起，他的诗既有卓别林式的幽默和求识的科学精神，又有东方务虚映实的艺术气韵。[②]

我们知道，法国真正意义上的汉学研究——强调科学考证并引入了社会科学的概念和方法——也是在这个时期开始的，沙畹和他的三个弟子——伯希和、马伯乐、葛兰言对此贡献良多。[③] 这

---

① 毛磊语，出处同上。
② 参见杜青纲：《亨利·米肖》，载《世界诗库·法国卷》，来源：http://www.hezhi.com/zylj/TSWX2/GYSG/GYTS/ShiJieShiKu/faguo/miqiao.htm
③ 关于法国汉学研究史的基本情况，参见张芝联：《从高卢到戴高乐》，三联书店，1988年版第64～68页。

伯希和

种汉学研究对当时的东西方文化交流产生了巨大的推动作用。毛磊大使曾这样谈起过 20 世纪初北京的一个法国学术沙龙：

> 在各国公使馆区的法国驻华使馆，每周有一个晚上，一群朋友欢聚在法国大使的私人医生家晚餐。布谢尔医生（Bussiere）在使馆工作了 40 年。在这特定的时期（指 20 世纪初——引者注），曾有过客居的名流，大家分享研究中国的快乐；有知名的汉学家，也有旅行者和探险家。年轻的阿历克西·莱热（诗人圣-琼·佩斯——引者注）5 年里就混在这个圈子里，众人谈论各自的游历，朗诵他们能找到的译文，介绍各自研究的进展。这既是闲聊又是学术研讨，既是文学沙龙又是旅人的驿站。①

其实，当时的整个欧洲学术界都在为东西文化的碰撞问题而热烈地讨论着。马伯乐和葛

---

① 毛磊 1999 年 10 月在南京大学举行的"二十世纪法国作家与中国"国际学术研讨会上的发言，题为《在双方的对话中认识自己》。来源：http://culture.sinofrance. org/news/renshi.htm

兰言等汉学家关于道家学说和各种中国哲学思想的研究，以及辜鸿铭和林语堂等为向西方人介绍中国精神传统而写的一些论著，则成为这场讨论的主要资料来源。[①] 在这方面，一位名叫达维德-内艾尔（Alexandra David-Néel，1868—1969）的法国女"藏学迷"也做出了非凡的贡献。她为一种匪夷所思的学术热忱所驱使，多年在藏汉世界只身云游，长年泡在各地喇嘛庙里青灯古卷终日苦读，终于在 1924 年成就了一部奇书——《一个巴黎女人赴拉萨》（*Voyage d'une Parisienne à Lhassa*），首次向西方揭开了藏传佛教的神秘面纱，从而为有关东西文化交汇的大讨论提供了许多另类的思想材料。[②] 至于讨论中产生的学术见解，则主要有三类：一类认定西方现代文明的出路在于引进东方文明，如勒内·盖侬（René Guénon）在他的《现代世界的危机》（*La Crise du monde moderne*，1927）一书中指出，导致现代文明危机的根源是唯物

林语堂

---

① Cf. Muriel Détrie, *France-Chine*, *Quand deux mondes se rencontrent*, Paris, Gallimard, 2004, pp.74~75.

② 关于达维德-内艾尔的生平，参见：http://www.alexandra-david-neel.org/francais/biog.htm

主义，要克服危机就应大力复兴形而上学，并应致力于在道家学说中搜寻"原始传统"的遗迹；而罗曼·罗兰等人则认为，西方人长于推理和行动的特性，应由东方人的喜内倾（introver-sion）、善直觉（intuition）的特性来补充或平衡；马尔罗对此又有不同看法，他觉得这种东西文化的综合不可能做到，甚至也可能没必要去做，因为今后大家反正都要通过别人的眼光来认识自己了——他在《西方人的倾向》（ *La Tentation de l'Occident*，1926 ）一书中假托一个旅欧的中国人和一个旅亚的法国人之间的书信对话，表明了这一观点。[①] 总的说来，这场文化大讨论的后果是相当积极的，因为它显然使法国知识界大大增进了对中国文化的了解、理解和尊重，并由此加强了关于东西文化平等互补关系的认识，而一度盛行的种种殖民主义、帝国主义和种族主义的偏见自然也将随之趋于消解。

此后法国知识界对中国文化态度的演变，呈现的也的确是一种以善意和同情为主流的态势。而在 1949 年新中国成立之后，中国文化的新发展还再次在法国引发了某种类似于启蒙时代的那种对中国的浓厚兴趣。

这一情况，当然也和"二战"后法国左派势力的强盛有很大关系。当时与苏共关系密切的法国共产党自然也是中国共产党的兄弟党，而其中的一些有重大社会影响的知识分子，如萨特和波伏娃，本身也对中国的共产主义试验怀有极大的热情。他们常常

---

① Cf. Muriel Détrie, *France-Chine*，*Quand deux mondes se rencontrent*，Paris，Gallimard，2004，p.75。

成为新中国政府的座上宾，并在法国为宣传新中国做了大量的工作。当时的新中国政府努力为人民服务，做出了许多努力来解脱人民苦难、恢复秩序、发展教育，多方贯彻平等原则并以集体精神重振经济和发展工业，同时还很注意通过向国外散发《中国建设》《北京周报》之类的刊物来宣传自己的成就，并鼓励国外创立诸如"法中友好协会"之类的同情者组织，有计划、有组织地邀请外宾参观中国的工厂、学校和模范人民公社。所有这些一度在法国引起了很好的反响，为新中国赢得了包括许多非法共左派人士在内的绝大多数法国知识分子的好感。而且，像在启蒙时代一度发生过的情况那样，这时的法国也有一些对中国持怀疑态度的人（如诗人克洛德·洛阿和汉学家艾田蒲，他们感觉盛传中的中国的形象过于完美了，怕有浮夸不实），不过这些人绝对属于少数。敢于公开批评中国新制度的人看来也不多，著名新闻记者和小说家博达尔（Lucien Bodard，1914—1998）1956 年首次访华后，在一篇新闻报道中说他在中国看到的事情"既令人惊叹也令人恐怖"，结果立即在左派知识分子中激起一片愤怒的抗议声浪。[1]

1964 年中法戏剧性的建交，为两国的文化交往开出了一片新天地。中国由此从法国方面得到了一些重要的科技援助，数十名法语教学专家来中国援教，他们帮助中国培养了不少同非洲法语国家发展关系的人才。同时一些年轻的法国学者也获得了来华学

---

[1] Cf. Muriel Détrie, *France-Chine*, *Quand deux mondes se rencontrent*, Paris, Gallimard, 2004, p.79。博达尔生于中国，系法国驻四川总领事之子，在中国度过了他的童年时代。

萨特与西蒙·波伏娃在巴尔扎克纪念碑前

习的机会，从中成长出若干优秀的汉学家，从
而为法国的汉学增添新的光荣。然而由于种种
主客观原因，这时的中国仍带有很大的封闭性，
外国旅游者和商人迟迟不得入内，在中国的法
国人也不容易和中国百姓接触，并感到时时在
受到限制，因而很难了解到中国的实际情况。[①]

　　而 20 世纪 60 年代正是战后西方世界的一
个多事之秋，其间现代文明在飞速发展和扩散
的同时，也日益显露出一些亟待克服的内在缺
陷（主要是资本主义的片面发展和工具理性的
肆意扩张），由此引发了一次普遍而强烈的社
会震荡。人们需要更多的社会平等，也需要更
多的个性解放，因此需要对现存的社会秩序发
动一次强力冲击。又由于人们抗议的对象是被
认为本质上属于资本主义的现代文明，[②]于是所
有反资本主义的左派意识形态，包括马克思列
宁主义、托洛茨基主义、格瓦拉主义、毛泽东

切·格瓦拉像，存于切·格瓦拉博物馆

[①]　Cf. Muriel Détrie, *France-Chine*, *Quand deux
mondes se rencontrent*, Paris, Gallimard, 2004, p.80.
[②]　也许今天仍有很多人这样看，而在笔者看来这很可
能是一种误解，理由是作为启蒙运动的产物，现代文明
是以启蒙运动所致力于张扬的自由和平等这两大价值理
念为基础的，因此它更应该是资本主义和社会主义这两
种意识形态的对立统一，它具有双重本质，而不应是只
具有"重自由轻平等"的资本主义这一重本质。

思想等，都很自然地充当了参与这场抗议运动的各派政治力量的
旗帜。

——20世纪60至70年代的法国毛派（当然在当时的欧美各国
多少也都能看到一些这样的毛派），实际上就是这样看问题的。而
这也就解释了为什么毛泽东思想和中国"文化大革命"的榜样，
会在法国1968年"五月风暴"时期那样走红。这个时期的法国毛
派们像启蒙时代的伏尔泰们一样，又把中国奉作了"理想国"：不
过这已不是孔夫子的中国，而是毛泽东的中国了。他们无限崇仰
这个在他们看来是用"不断革命"的方式建立起来的"平等社会"。
他们组成各种政治团体，以"小红书"《毛主席语录》为每日必诵
的经典，以"毛泽东服"作为他们的同志标志，并以中国走"五七"
道路的知识青年为榜样，积极接近劳工界，参加工人的罢工和示
威活动。而且在五月事件被平息、罢工工人复工后，毛派仍痴心
不改，坚持战斗。他们投身一个叫作"无产阶级左派"的新运动，
试图鼓动工人起义，还控制了一个名叫《泰尔盖尔》的文学杂志，
以此作为他们宣传毛泽东思想、制造革命舆论的理论阵地。直到
1974年，《泰尔盖尔》杂志的一些主要撰稿人（其中有菲利普·索
勒斯、茱利亚·克里斯蒂娃和罗兰·巴特等著名毛派作家）还曾
专门组团访华，并且在看过当时的中国之后仍相信那里就是他们
的政治和美学理想的辉煌体现。然而，这种狂热终究没能持续很
久。法国毛派运动的发生，显然和当时法国知识界对中国真实情
况的不了解有很大关系。由于缺乏通畅的交往渠道，那个时候法
国人所看到的中国，充其量只是一种模模糊糊的"雾中之花"，而

且那图像的清晰度很可能还远不如当年法国来华传教士得到的中国印象。这就决定了这次"中国热"倏起忽落的偶然性和短命性。但即使如此,能不能说这一番中法文化的"虚假"交往,或者说法国毛派对中国社会的"误读"(这一次也许是真正意义上的"误读"了),就完全没有积极意义了呢?窃以为仍不可简单地做出这种否定性判断。显然,这个问题关乎对20世纪60年代西方社会抗议浪潮的总体评价。在我看来,如果可以认为20世纪60年代的这场社会运动,尽管有很多荒唐出格之处,但终究在事实上推动过现代文明的改善或现代社会的健康发展,[①]那么我们也就有理由认定,法国人"误读"出来的"毛泽东中国"这种不清不楚的意象,在当时还是起了点有益的历史作用的。

---

① 如当时的法国总理蓬皮杜称,经过了五月事件,"一切都不可能再像从前一样了";历史学家霍布斯鲍姆也断言,1968年"五月风暴"一类事件"对第一世界国家的意义在于,从此以后,社会变化显著加速"(参见许平.朱晓罕:《一场改变了一切的虚假革命——20世纪60年代西方学生运动》,上海人民出版社,第11、212页。该书较全面地概述了20世纪60年代运动产生的各种积极的历史影响)。

第四章

近期的发展：中法

文化大融会及其他

20 世纪 70 年代末，中国开始向世界敞开大门。

中国的形象，渐渐地将不再模糊，也将不再神秘。

中国的"改革开放"，无非是一个全面融入现代文明的过程。中国从未像今天这样接近和服膺现代文明，而这一成就本身似乎就和中法文化交往不无关联——须知中国"新政"的总设计师，就是曾经留法勤工俭学了整整五年的邓小平。

中国同世界各国的文化交往，也随之出现空前的繁荣。这繁荣，还随着全球化时代的到来，随着中国经济多年持续的高速发展，呈现着日新月异的演进态势。

中国的对外开放是全方位的，中外文化交往的繁荣也是全面的。但比较起来，最亲密、最热闹、最富有成效也最具有世界意义的文化交往，恐怕还是发生在中法这两个老搭档之间。

新时期中法文化出现了全面融会的趋势

在当今世界，中法两国在经济方面乃至在综合国力方面都算不上一流，但在历史文化尤其是高雅文化方面，它们却都是无可争议的"超级大国"。因此在两国关系中，文化方面的交往一直是重头戏。

法国一如既往，仍特别热衷于向中国"输出"它的"文化产品"，而中国公众也为终于可以全面领略法国文化的迷人风采而欣喜若狂。在法国驻华使馆文化处的组织下，法国的美术展览、历史文物展览、音乐会和歌舞剧常常现身北京、上海等城市，成为轰动一时的文化事件。"文化大革命"时代被当作毒草打入冷宫的许多法国文学经典，又重新流行起来，有些还有了文字更为晓畅的新译本。一些以往不为人知的法国重要作家如普鲁斯特和萨德侯爵的作品，以及从弗朗索瓦兹·萨冈和玛格丽特·杜拉直到米歇尔·布托尔和勒内·夏尔等许许多多当代作家的作品，也都有了中文译本，并对中国文学模式的演进发生了积极的影响——促使其由单一的社会主义现实主义转向多元。拥有世界性影响的许多法国现当代学术大师，如迪尔凯姆、杜梅兹尔、列维·施特劳斯、布罗代尔、福柯、布尔迪厄、罗兰·巴特等，都在中国迅速得到了译介和研究，并深刻地影响了当代中国知识分子的思想论争，有力地推动了中国学术的进步。比如张芝联先生在 20 世纪 70

普鲁斯特

罗兰·巴特

年代末引入中国的法国年鉴学派史学理论，就对
中国历史学"以阶级斗争为纲"的传统思维方式
的转换，产生过引人注目的积极影响。另一方面，
中国文学艺术的发展也深深受惠于由法国传入的
新文艺思潮。

近年来，在法国政府的大力支持下，从未在
中国停止过的法语教学事业又有了长足发展。由
法国和中国政府资助的赴法留学潮，更是一浪高
过一浪。中国当下是否有一种"法国热"，这恐
怕不好说，但说今天中国上上下下的审美趣味和
生活品位很有些"法国化"，却也非无稽之谈。
我们知道，法国建筑师在 20 世纪末和 21 世纪初
曾击败众多国际竞争对手，承担了上海歌剧院、
上海浦东国际机场、上海 2010 年世界博览会以
及北京国家大剧院等好几个代表国家形象的大型
项目的设计。上海浦东新区那条按香榭丽舍大街
的模式设计修建的世纪大道，连同老市区经过改
造后的商业中心南京路步行街，也都是法国著名
建筑师夏邦捷（Charpentier）的杰作，它们在一
定程度上使上海恢复了昔日"东方巴黎"的美誉。①
由于法国历来就是高贵、雅致、富裕、奢侈的象征，

路易·威登橱窗

巴黎的香奈儿总部

---

① Cf. Muriel Détrie，*France-Chine*，*Quand deux mondes
se rencontrent*，Paris，Gallimard，2004，pp.86~87.

所以今日中国的富豪们也都以拥有各种法国名牌商品、居住法式花园洋房为荣。而一般的城市小康百姓也都喜欢附庸法式风雅：一些巴黎餐馆在北京和上海开设的分店，常常座无虚席；从法国进口的或用法国技术酿造的酒类饮料备受青睐；香奈儿、路易·威登、欧莱雅等法国品牌，也早已成为中国时尚潮流的引导者。

法国巴黎香榭丽舍大街北边的人行道

与此同时，中国文化也在向法国全面渗透，给法国文化和社会的发展增添了许多新的生机。概括起来看，当今中国文化在法国的传播有如下两个有趣的特点。

首先，定居法国的大量华人华侨成为中国文化传播的主要媒介。法国的华人华侨大多是在 20 世纪中移民到法国的，其中有的来自中国本土，有的来自战乱中的越南和柬埔寨。但无论来自哪里，也无论是出于什么动机，所有这些散布于法国的中国移民群落后来都既保留着中国的文化习惯，又完美地融入了法国社会，由此很自然地形成了中国文化在法国本土的一个个辐射源。他们当中有很多人活跃在各种公共的和私人的文化团体里，通过演讲会、语言课、书画社等迂回的方式传播中国文化，同时也使祖先的文化在中国移民的后代中得到了继承。一些掌握了中法双语的华人华侨积极从事中国古典文学和现代文学作品的译介，推出了多套相关的丛书，甚至为此创立了一些专门的出版社，从而极大地拓展了法国人对于中国文化的知识面。一些学贯中西的旅法华人学者，则直接加盟法国的汉学研究，以自己的优异才智和由双文化背景形成的特殊视角，有力地丰富、深化甚至更新着法国知识界对中国文化的认识。还有一些才华横溢的旅法华人法文作家，致力于用文学艺术形象展示中国文化的精神内涵，揭示中西、中法文化交流的积极后果，深得法国读者喜爱，在法国文坛频频引发轰动——其中最著名的有亚丁的《高粱红了》（1987）、程抱一的《天一言》（1998）和戴思杰的《巴尔扎克和中国小裁缝》（2000）。[①] 程抱一（François Cheng）还因其杰出的学术成就和在中西文化融合方面做出的独特贡献，于2002年荣膺法兰西学院院士，成为建立于1635年的这个法国最高学术圣殿接纳的第一位

---

① 以前还曾有盛成旅居法国时写的《我的母亲》（1928）在法国读书界广为传诵。此外，国内法语作家沈大力的《延安的孩子》（1985）、《梦湖恋》（2004）等文学作品在法国出版后也都引起了不小的反响。

亚裔"不朽者"。^①

此外，旅居法国的许多中国艺术家也在以全新的艺术创造丰富着法国的文化。20世纪20至30年代，曾有徐悲鸿、刘海粟、林风眠、刘开渠、吴作人、吴冠中等一大批中国青年学子蜂拥赴法学习西画艺术，其中很多人后来都回国了，成为中国新绘画艺术的领军人物。而留在巴黎的一些人如唐海文、赵无极等，在后来的几十年里渐渐地转向了抽象派绘画，同时注意在自己的画作中糅进传统中国艺术的表现手段，从而向法国画坛上注入了一些清新的中国风格要素。^②

新时期中国文化对法国影响的另一特点，是中国简朴自然的生活艺术日益受到法国人的青睐——这似乎正好和中国流行的崇尚法国式的奢侈生活方式形成了鲜明的对照。如弗朗索瓦·道特雷斯姆（François Dautresme）创立的法国东方与中国公司以极大的热情收集的中国草编、竹制品和草纸制品，再取代丝绸、瓷

林风眠

赵无极

---

① 法兰西学院（L'Académie française）一直保有40名终身院士的编制，院士有"不朽者"（les immortels）之隆誉。

② Cf. Muriel Détrie, *France-Chine*, *Quand deux mondes se rencontrent*, Paris, Gallimard, 2004. p.92.

器和漆器而成为前所未有的中国风装饰浪潮的主流。中国烹调也获得了健康烹调的美誉，人们喜爱它的不油腻，觉得这有利于健康。大豆的消费也得到了提倡，被认为是一种能治百病的食品。中国绿茶也被赋予了能让人放松的种种功能，成为法国人最喜爱的饮品。法国人还越来越求助于中药来医治那些西药治不好的病症，并热衷于学习太极拳、气功之类的中国武术，以此作为摆脱现代生活压力和抵御日常生活的精神侵扰的手段。所有这些旨在协调身与心、人类与自然关系的生活秘诀，都是以法国人已通过他们的汉学家的著作熟悉了的道家哲学为基础的，被认为是一种特别适用于现代世界的智慧。①

　　中法文化的全面融会，已经对两国的经济发展产生了很好的推动效应。由于逐步适应了中国的本土文化心理、消费习惯，并采取了尊重中国传统的态度，法国的一些原来难以进入中国市场的企业也开始获得成功，如家乐福零售集团的生意在今天的中国就很火爆。另外，随着相互理解的深化，中法之间那种特殊的、传统的亲密感似乎也在进一步强化，这也就给两国的经济带来了一些特别的发展机遇，如法国的建筑设计行业，以及法国的空客飞机、核电技术、高速列车等高科技项目，之所以能击败许多强有力的竞争对手而在中国创下骄人的业绩，某种程度上可能就与这种"人脉"因素有关。而法国很多企业在中国的成功，反过来也为中国打开法国的市场提供了许多方便，如一些法国公司在中

---

① Cf. Muriel Détrie, *France-Chine*, *Quand deux mondes se rencontrent*, Paris, Gallimard, 2004. pp.94～95.

国落户、以较小成本生产销往法国的商品这种商业举措，难免也造成了技术和知识的转移，结果没过多久，在法国市场上 Made in China（中国制造）的商品侧畔，便开始出现 Made by China（中国创造）的商品，而且这些中国自行制造的商品渐渐地也不再局限于传统的"中国"产品如纺织品、玩具和轻革皮件之类，一些高技术产品如多媒体、药品和高级时装也在大量涌现。①

2005 年 1 月 18 日在法国首次公开，并于 2005 年 4 月 27 日完成首飞的空中客车 A380 客机，是全球载客量最大的客机

中法文化年和中法全面战略伙伴关系的世界意义

近年来中法文化关系的蓬勃发展，在 2003 年举办的"中法文化年"活动中达到了高潮。中法互办文化年的活动，从 2003 年 10 月到 2005 年 7 月，历时两年整（第一年由中国在法国办

---

① Cf. Muriel Détrie，*France-Chine*，*Quand deux mondes se rencontrent*，Paris，Gallimard，2004. pp.84~85.

"中国文化年",第二年由法国在中国办"法国文化年"),其间共举行700多场活动,两国尽情展示各自文化的特殊魅力,热闹非凡。

"中法文化年"活动只有在中法关系发展到相当高的程度时才会发生。它无疑是一种创举,而创举一般都会有示范效应,于是立刻有许多国家跟着学,2006年起中意文化年、中俄文化年、中德文化年等纷至沓来。

中法文化年是一次文化盛宴,但其意义却并非仅局限于文化方面。主办者曾通过在中法文化年活动的官方网站发布的一则公告,这样阐述了这个活动的全部深远意义:

> 中法两国是世界上重要的文化大国。两国都具有悠久的历史和灿烂的文化,都十分重视保护和弘扬民族文化和维护文化主权。作为东西方文化的代表,中法两国主张开展不同文明间的对话和进行不同文化间的交流与合作。中法互办文化年有利于两国人民的相互了解,有利于东西方文化相互学习、共同发展,有利于维护世界文化的多样性。[①]

——原来中法互办文化年,还有"维护文化主权"和"维护世界文化多样性"这样的关怀,这就不免要赋予这个活动一定的政治意味。

---

① 该公告题为《关于中法互办文化年》,来源:http://cul.sina.com.cn/s/2003-09-26/43542.html。

我们还知道，在这个活动的中国文化年阶段，在香榭丽舍大街中国盛装大游行的锣鼓甫停，而埃菲尔铁塔又被映上中国红的时候，还发生了中法双边关系上另一重大事件：时任中国国家主席胡锦涛第一次访法，并与时任法国总统希拉克结成"中法全面战略伙伴关系"（2004年1月底）。这件事无疑是政治性的了，但它又和"文化"有千丝万缕的关系，以致离开了文化方面的考量，就很难予以恰当的解释。

"中法全面战略伙伴关系"这个提法在当今世界国际关系中规格极高，这一事实仍值得注意。另一个值得注意的事实是，"全面战略伙伴关系"这一提法源自中国与欧盟之间的外交活动。据有关资料，双方领导人开始时曾将中欧关系确定为面向21世纪的长期稳定的"建设性伙伴关系"；2001年双方又宣布建立"全面伙伴关系"；到2003年，中欧才决定将双方关系提升为"全面战略伙伴关系"，而且目前双方都把发展全面战略伙伴关系作为共同努力的目标。[①] 这就不免令人纳闷了：既然法国是欧盟成员国，而所有欧盟成员国都是平等的，那么中国为何要"偏心眼"，在众多欧盟国家中单独挑出法国再建一层顶级双边关系？而且这里显然没有什么功利或实惠的考量，否则经济更兴旺的德国就应该是中国的首选了。

所以中法这种特殊关系的建立，只能说明两国之间有一种非同寻常的亲情，而这种亲情的基础，也只能是一种共同的或相似

---

① 冯仲平：《中欧致力于发展全面战略伙伴关系》，来源：中国网，2005年9月6日。

的文化取向。那么这种文化取向究竟是什么？

我们记得，胡锦涛主席 2004 年 1 月的访法还有一层礼仪上的意义，那就是庆祝中法建交 40 周年——而中法建交这时已届 40 周年这一事实，本身就是中法关系特殊亲密性的一个证明。新中国成立伊始，法国率先冲破意识形态藩篱欣然与中国建交，我们说过，那是一种"惺惺惜惺惺"。说到建交的理由，戴高乐的解释是：中国地大物博，人口众多，历史悠久，人民聪明勇敢，拥有独特而深奥的文明，而且享有独立主权，法国不能无视这样一个国家的存在。而一直在向西方阵营努力寻找外交突破口的中国，更是早早就盯住了法国。1955 年周恩来就曾预言"具有光荣革命历史的法国"一定会赶在其西方盟国之前和新中国建交，并指示有关部门努力为中法建交铺路。[1]1964 年毛泽东在接见法国议会代表团时也曾这样表明：中法两国之间的根本共同点，除了希望在经济和文化上加强来往之外，便是"不许有哪一个大国在我们头上拉屎撒尿，不管资本主义大国也好，社会主义大国也好，谁要控制我们都是不允许的"。[2]事实上，毛泽东对于在美国面前一贯桀骜不驯、自行其是的戴高乐始终敬重有加，而毛泽东本人反对苏联霸权主义的坚定姿态，显然也赢得了戴高乐的许多青睐。

毛、戴两人即因此成为冷战史上著名的"民族主义者"，而他们的民族主义，实际上是对霸权主义的一种抵制，是对美苏把

① 参见张锡昌：《亲历中法建交》，载黄舍骄主编《春华秋实四十年——中法建交回忆录》，知识出版社，2004 年版第 1～2 页。
② 参见王俊彦：《中国外交演义·新中国时期》，世界知识出版社，1995 年版第 264～265 页。

持的两极世界格局的一种抗拒，因
而客观上带有追求国际关系自由
化、民主化的现代趋向，无可厚非。
而且毛、戴两人这种共同的个性特
征，事实上也是分别和中法两国具
有很多类似性的文化传统及历史
经历相通的。关于这一点，法国
前总统蓬皮杜在 1973 年访华时曾
有一个非常明确的表白，话虽说
得极其简括，却也很到位：

蓬皮杜

　　我们两国虽然在地理上相距遥远，幅员相差很大，
但两国之间有不少共同点。我们两国都有非常悠久的历
史，都生根于古老而著名的文明之中，都经过无数的考
验而实现了统一。它们都坚持不懈地捍卫和维护自己的
独立，都进行过深刻的政治和社会革命。它们为自己对
人类进步做出了很大贡献而在某种程度上感到自豪。另
外，因为法国人和中国人越来越清楚地认识到了他们的
所有这些共同点，所以在他们之间逐渐产生了互相尊重
的情谊，于是在近十年以前，由戴高乐将军和毛泽东主
席决定，两国建立了邦交。①

---

① 《蓬皮杜总统在周恩来总理举行的欢迎宴会上的讲话》，载刘海星、高凤
主编《中法建交四十年重要文献汇编》，世界知识出版社，2004 年版第 4 页。

　　不过说实在的，当时中法虽然建交了，但两国之间的关系在很长的一段时间里也说不上很亲密，其原因也不难理解，简言之就是毛泽东时代的中国离现代化还有相当大的一段距离。改革开放以后，这距离在渐渐缩小，中法交往则在持续扩大，双边关系的亲密度也在与日俱增。虽然到21世纪初中国仍不能说已完全融入现代化，但毕竟基础已奠定，趋势也已明朗，剩下的只是时间问题，所以同法国结成"全面战略伙伴"的形势也大致成熟了。

　　但最终促成中法这种高级双边关系建立的，似乎还是一个非常重要的时势因素，那便是当今世界局势的发展正处于是"单极化"还是"多极化"这个岔道口。

　　小布什上台后美国的单边主义倾向日趋强烈，及"9·11"后更是理直气壮地以国际反恐和推广民主为由四面出击，力欲建立由美国独霸的"单极"世界。这种打着民主旗号反民主的行为很自然地引起了法国人的强烈抨击和抵制，由此西方政治舞台上又上演了一出盎格鲁-撒克逊政治文化和法兰西政治文化的剧烈对抗。显然，即使小布什、布莱尔之流"推广民主"的愿望是真诚的，他们的行事方式——抛开国际社会诉诸单边主义的战争行动——也是很难让法国人接受的，因为这不仅践踏了国际法和国际政治民主化原则，而且还透着一种自以为高人一等的傲慢，一种蔑视其他民族政治智慧的文化自负，总之透着一股"文化一元论"的腐臭气息，而那正是法国人早在非殖民化时代就已扔掉了的垃圾。当今世界流行的"多元民主"理论，其实也正是法国人首先提出来的，那是法国前总统吉斯卡尔·德斯坦的一个创造——他的《法兰西民主》（1975）一书，讲的主要就是多元论在民主国家中的不可分割性或普适性的道理，而法国政府坚决反对美国的伊拉克战争，则是他们在国际关系领域对这种"多元民主"原则的一种自觉的贯彻。

也正是在这种背景下，我们看到了"中法全面战略伙伴关系"的建立。与此同时，中法又在互办以"维护文化主权"和"维护世界文化多样性"为目的的"文化年"。将这两件事联系到一起的纽带，是一种中法两国共有的争取国际政治民主化的政治文化取向，而这种政治文化取向的获得，如前文所述，又与启蒙运动，与法国大革命，因而也与中法文化之间长期富于成效的交往互动，有不容割裂的联系。

中法两国在新一轮国际反霸斗争中加强合作，无疑有利于推动国际政治的民主化，因而是令人欣慰的。同时我们还欣慰地看到，这种合作还将连带地产生另一个有益的后果，那就是推动中国自身政治的民主化。胡锦涛主席在法国国民议会上庄严承诺，中国将"积极推进政治体制改革，完善社会主义民主"；宣布"中法全面战略伙伴关系"的《中法联合声明》同时也宣告：双方已在"促进和保护一切人权和基本自由"方面达成明确共识。由此可见，中法国际战略合作或许还能进一步促进法国的民主政治文化在中国的传播，从而促进中国政治文明的健康发展，而这也正是中法人民都热切期盼的事情。

主要参考文献：

1. 张芝联：《中法文化交流——历史的回顾》，见周一良主编《中外文化交流史》，河南人民出版社，1987年。或张芝联：《从高卢到戴高乐》，三联书店，1988年。

2. Muriel Détrie, *France–Chine, Quand deux mondes rerencontrent*, Paris, Gallimard, 2004.

3. ［法］伏尔泰：《风俗论》，梁守锵译，商务印书馆，1995年。

4. 陈独秀：《法兰西人与近世文明》，载《青年杂志》第1卷第1号（创刊号），上海群益书社，民国四年（1915）九月十五日。

5. 许明龙：《黄嘉略与早期法国汉学》，中华书局，2004年。

6. 孟华：《1740年前的法国对儒家思想的接受》，载《学人》第4辑，江苏文艺出版社，1993年7月号。

7. ［法］艾田蒲：《中国之欧洲》，许钧、钱林森译，河南人民出版社，1994年。

8. ［法］托克维尔：《旧制度与大革命》，冯棠译，桂裕芳、张芝联校，商务印书馆，1992年。

9. 包遵信：《十八世纪欧洲的"中国热"》，载《读书》，1986年第5期。

10. 高毅：《法兰西风格：大革命的政治文化》，浙江人民出版社，1991年。

11. 高毅：《政治现代化进程中中法文化互动浅析》，载第二届"北大论坛"论文集《走向未来的人类文明：多学科的考察》，北京大学出版社，2003 年。

12.高毅：《"中法全面战略伙伴关系"历史透视》，《欧洲研究》，2004 年第 3 期。